Hartmut Ellrich

DIE STAUFER

Herrscherdynastie
im hohen Mittelalter

IMHOF-Kulturgeschichte

Michael Imhof Verlag

Titelbilder:
links: Cappenberger Barbarossakopf (siehe S. 145), rechts oben: Trifels (siehe S. 85), rechts unten: Castel del Monte (siehe S. 124)

Umschlagrückseite:
Lucera, Palastkastell (siehe S. 117)

Bildnachweis:
Alle Abbildungen Michael Imhof und Archiv des Michael Imhof Verlags mit Ausnahme von:
Binding: S. 65 unten links; Dombauarchiv Köln, Matz und Schenk: S. 147; Domschatz im Historischen Museum der Pfalz, Speyer: S. 151; Andreas Hansert, Frankfurt am Main: S. 22/23; Richard W. Gassen: S. 56–58, 84, 85 oben; Ottersbach, Wendelin: S. 65 oben, 65 unten rechts; Wikipedia: S. 17, 18 oben und unten, 20 oben und unten, 59, 60, 69 unten, 72 oben, 75 oben und unten, 78 oben und unten, 79–83, 87–89, 91, 109 oben, 115, 131, 133, 145, 149, 150; Johann Willsberger: Titelbild links, S. 27; Rainer Zuch: S. 65, 66

Textnachweis:
Kapitel 2 (Die Herrscher) ist dem Buch von Andreas Hansert: Könige und Kaiser in Deutschland und Österreich (800–1918), 2. Aufl., Petersberg 2010 entnommen

Hartmut Ellrich: Die Staufer – Herrscherdynastie im hohen Mittelalter, Imhof-Kulturgeschichte, Petersberg 2011

© 2011
Michael Imhof Verlag GmbH & Co. KG
Stettiner Straße 25
D-36100 Petersberg
Tel. 0661/9628286; Fax 0661/63686
www.imhof-verlag.de

Gestaltung und Reproduktion: Michael Imhof Verlag
Druck: Meiling Druck, Haldensleben
Printed in EU

ISBN 978-3-86568-567-4

INHALT

EINLEITUNG

Die Staufer
gestern & heute

„Der alte Barbarossa,
der Kaiser Friederich,
im unterird'schen Schlosse
hält er verzaubert sich.
Er ist niemals gestorben,
er lebt darin noch jetzt;
er hat im Schloss verborgen
zum Schlaf sich hingesetzt.
Er hat hinabgenommen
des Reiches Herrlichkeit
und wird einst wiederkommen
mit ihr, zu seiner Zeit.
Er nickte als wie im Traume
sein Aug halb offen zwinkt;
und je nach langem Raume
er einem Knaben winkt.
Er spricht im Schlaf zum Knaben:
Geh hin vors Schloss, o Zwerg
und sieh, ob noch die Raben
herfliegen um den Berg.

Und wenn die alten Raben
noch fliegen immerdar,
so muss ich auch noch schlafen
verzaubert hundert Jahr."

Friedrich Rückerts 1817 entstandenes Gedicht „Der alte Barbarossa" ist bis heute eine der bekanntesten literarischen Bearbeitungen der Kyffhäuser-Sage. Hiernach schläft in einer Höhle im Berg Kaiser Friedrich I. Barbarossa mit all seinen Getreuen. Wenn er eines Tages erwacht, rettet er das Reich und führt es zu neuer Herrlichkeit. In der deutschen Romantik erlebte die mittelalterliche Sage eine Renaissance. Nicht nur Rückert, auch die Gebrüder Grimm nahmen die „Sage vom Friedrich Rotbart auf dem Kyffhäuser" in ihre berühmte Märchensammlung auf.

Wange der Kanzeltreppe in der Kathedrale von Bitonto: wahrscheinlich Darstellung der staufischen Herrscher Friedrich I. Barbarossa (auf dem Thron sitzend), Heinrich VI., Friedrich II und Konrad IV.

Immer mehr verwob sich der Sagenstoff mit den nationalen Bewegungen des 19. Jahrhunderts, bis er sich zur Nationalsage wandelte. Poetisch überhöht war er fortan in den Dienst politischen Wirkens gestellt. Wenn noch im 16. Jahrhundert Kaiser Friedrich II. und später sogar Kaiser Karl der Große die Rolle des schlafenden Kaisers eingenommen hatten, so setzte sich die Person Friedrichs I. Barbarossas bis ins 19. Jahrhundert immer mehr durch. Mit der Sage verbanden viele Zeitgenossen den Wunsch nach einem (neuen) Nationalstaat, etwa so, wie er nach damaligem Verständnis unter dem Stauferkaiser existiert hatte. Allerdings verengte man den Blick auf die Bedeutung Friedrichs I. für Deutschland, im Sinne der protestantischen Deutung, als ausschließlichen Kampf gegen den Papst, wobei das Wirken des Staufers in Italien weitgehend ausgeblendet blieb. Kritische Stimmen wie die Heinrich Heines, der sich der Thematik „Kyffhäuser" ebenfalls nicht entziehen wollte, persiflierte die Sehnsucht seiner Landsleute in „Deutschland. Ein Wintermärchen" (1844).

In Stein gehauen erinnert das Kyffhäuserdenkmal nördlich von Bad Frankenhausen in Thüringen an die Sage des schlafenden Kaisers. Der ruht nun zu Füßen des „Barbablanca" – wie Kaiser Wilhelm I. von Preußen vom nationalkonservativen Literaten und Historiker Felix Dahn in einem Gedicht einstmals bezeichnet wurde. Das Denkmal entstand zwischen 1890 und 1896. Bruno Schmitz lieferte die Pläne zu dem Bau, der bis heute nach dem Leipziger Völkerschlachtdenkmal und jenem für Kaiser Wilhelm in Porta Westfalica der drittgrößte Memorialbau Wilhelms I. ist. Bruno Schmitz lehnte sich stilistisch an den Burgenbau der Stauferzeit an und versuchte den Preußenherrscher als legitimen Nachfolger Barbarossas zu stilisieren. Kaiser Wilhelm I. wird damit zum Vollender der so lange erwarteten Reichseinheit.

Tatsächlich bot die ehemalige Reichsburg auf dem Kyffhäuser eine ideale Anknüpfung an die Zeit des Mittelalters. Mit einer Länge von über 600 Metern und einer Breite von rund 60 Metern gehört die aus Ober-, Mittel- und Unterburg bestehende Anlage Kyffhausen zu den größten Burgen in Deutschland. Ob der Stauferkaiser tatsächlich auch in Kyffhausen weilte, kann man heute nur vermuten. Er hielt sich 1174 in der nahen Pfalz von Tilleda auf.

Überlebensgroß konnte man vom Mai 2010 den ganzen Sommer über im Mannheimer Luisenpark das Konterfei Friedrich Barbarossas an erblicken, wo zum „Stauferjahr 2010" 23 000 Sommerblumen ein 1 300 Quadratmeter großes Blumenbild boten und den Herrscher in ein freundlich-frisches Bild setzten. Dies lenkte das Augenmerk auf eine der drei Innovationsregionen, die in der vielbeachteten Ausstellung „Die Staufer und Italien" in den Reiss-Engelhorn-Museen in den Blick genommen wurden.

*Das Kyff-
häuser-
Denkmal
um 1900*

Tatsächlich findet man gerade hier, zwischen Speyer und Köln, die Macht des Stauferreiches wie an keiner anderen Stelle gebündelt. Auf engem Raum herrschten die Erzbischöfe von Mainz, Köln und Trier und die Pfalzgrafen bei Rhein, also jene nachmaligen Kurfürsten, ohne deren Zutun kein künftiger Herrscher gekrönt werden konnte. Von den geistlichen Fürsten erhielt der angehende Herrscher die (Reichs-) Insignien seiner Macht: Krone, Reichsapfel, Zepter und Reichsschwert, die sich zeitweilig auf einer der wichtigsten Burgen der Staufer – dem Trifels – befanden. Das passende geflügelte Wort dazu lautete: „Wer den Trifels hat, hat das Reich". Es stellte die kaiserliche Macht auf der Reichsburg Trifels heraus und legitimierte die Reichsherrschaft. Ihre Herrschaft stützten die Staufer vor allem auf das Reichsgut, wobei

Das Kyffhäuser-Denkmal um 1900

die zahlreichen Reichsburgen wie der Trifels das Einkommen neben den Hausgütern sicherten, aber auch die Herrschaft manifestierten und repräsentierten.

Neben diesen wichtigen Innovationsregionen gilt es im vorliegenden Band den Blick weiter zu fassen auf das Herkommen und die Ursprungslande der Staufer um den Hohenstaufen in Württemberg, die Kernlande im Elsass und die Entwicklung der Familie zum bedeutendsten Herrschergeschlecht Europas im 12. und 13. Jahrhundert.

So werden im Folgenden neben den Herrscherporträts Reichs- und Ministerialenburgen vorgestellt sowie Kastelle, Königs- und Kaiserpfalzen bzw. Kirchen und Klöster in Deutschland und Italien in den Blick genommen. Nicht zu vergessen ist darüber hinaus die Kunst der Stauferzeit, die an wenigen ausgewählten Beispielen thematisiert wird.

DAS STAMMLAND DER STAUFER – RUND UM DEN HOHENSTAUFEN

„Aus den vornehmsten Grafenfamilien Schwabens" stammten die Staufer, so schreibt Otto von Freising, Onkel und Chronist Kaiser Friedrich I. Barbarossas. Bereits im 10. und 11. Jahrhundert gehörten die Staufer zu den führenden Adeligen. Zeitweise hatten sie in Schwaben das Pfalzgrafenamt inne, mit der nach der Herzogsgewalt höchsten öffentlich-rechtlichen Funktion. Diese Ausgangsposition, die sich mit einer klugen Territorialpolitik in der ersten Hälfte des 12. Jahrhunderts verband, ermöglichte den Aufstieg der Staufer von einem bedeutenden süddeutschen Adelsgeschlecht zum bedeutendsten Herrschergeschlecht des 12. und 13. Jahrhunderts in Europa.

Ihren Namen erhielten die Staufer vom Hohenstaufen, auf dem sich Friedrich von Büren, der spätere erste Herzog von Schwaben, eine repräsentative Burg errichtet hatte. Unter Friedrich Barbarossa und Heinrich VI. erreichten die Staufer den Höhepunkt ihrer Macht. Sie verlagerten ihr politisches Zentrum nach Sizilien, das ihnen als Erbe zugefallen war. Der letzte glanzvolle Staufer war Kaiser Friedrich II. Das Geschlecht starb mit der Enthauptung Konradins 1268 in Neapel aus.

Nach schriftlichen Quellen wurde die Burg Hohenstaufen um 1070 von Herzog Friedrich I. von Schwaben (um 1050, reg. 1079–1105) erbaut. Zunächst handelte es sich nicht um eine Reichsburg, sondern um Allodialbesitz, denn erst 1079 wurde Friedrich I. zum Herzog erhoben. Bis ins 13. Jahrhundert hinein blieb der Hohenstaufen die Stammburg der Staufer, auf der sich 1181 Kaiser Friedrich I. Barbarossa aufhielt und 1208 Königin Irene Maria von Byzanz, Ehefrau des ermordeten Königs Philipp von Schwaben, bei der Geburt ihres Kindes starb. Zu den nahen Ministerialenburgen gehörte etwa Burg Hohenrechberg. Nach dem Untergang der Staufer im Jahre 1268 wurde die Burg von König Rudolf I. von Habsburg zur Reichsburg erklärt, befand sich jedoch zeitweilig im Besitz der Grafen von Württemberg, die auch das nahe Kloster Lorch mit einer der wichtigen Grablegen der Familie für sich reklamierten. Die Burg selbst wurde 1525 Opfer des Bauernkrieges. Nach der Reichsgründung geriet nicht nur der Kyffhäuser dank der Barbarossalegende in den Blick, auch der Hohenstaufen wurde deutsches Nationaldenkmal. Ein ähnliches gründerzeitliches Denkmal, das der Hohenstaufenverein initiiert hatte, unterblieb.

Stattdessen sind die Staufer in anderer Form lebendig geblieben. Sowohl das Landeswappen von Baden-Württemberg als auch die Landesfarben Schwarz und Gold nehmen den Bezug auf zu König Philipp und Herzog Heinrich von Schwaben. Auch die Farben Schwarz und Gold des Löwenwappens sind aus dieser Zeit überliefert. In den kommenden Jahrhunderten blieb die Erinnerung an die Staufer lebendig und die Löwen wurden immer wieder als ihr Zeichen aufgegriffen. Im Kloster Lorch findet man die drei Löwen auf der Grabplatte der Staufer-Tumba, unter den Wappenbildern im Chor der Kirche und bei den Darstellungen der staufischen Herrscher auf den Pfeilern des Kirchenschiffs, beide aus dem 16. Jahrhundert.

Kloster Lorch, Gesamtansicht

Lorch, Kloster

Hoch über dem Remstal befindet sich das ehemalige Kloster Lorch – Hauskloster der Staufer. Um das Jahr 1102 siedelten der Stauferherzog Friedrich I. von Schwaben und seine Frau Agnes von Waiblingen ein Benediktinerkloster auf dem Berg oberhalb von Lorch an und bestimmten es zur künftigen Grablege der Familie. Das den Heiligen Peter und Paul geweihte Kloster unterstand dem Papst, während Herzog Friedrich I. die Vogtei darüber ausübte. Die Mönche kamen aus Hirsau, der erste Abt aus Maria Laach. Erhalten blieb der Gründungsbau eines dreischiffigen, flachgedeckten Langhauses mit querschiffartig erhöhtem Westbau und seitlich

angelegten Rundtürmen. Hiervon ist jedoch nur der südliche, im 19. Jahrhundert überformte Turm erhalten geblieben. Der in Südwestdeutschland einmalige Westbau erinnert in seiner Gestalt an Maria Laach, während das Langhaus in Anlehnung an die Aureliuskirche von Hirsau erbaut wurde. Zwischen 1140 und 1208 diente das Benediktinerkloster als staufische Grablege. Allerdings erhielt keiner der staufischen Könige und Kaiser hier seine letzte Ruhe. Dennoch diente die Kirche als geistiges Zentrum der Familie. Die Gräber befinden sich vor dem Chor, unter dem Fußboden. 1139 wurden sie von der Lorcher Stiftskirche hierher umgebettet. Berühmtestes Mitglied der

Familie ist Königin Irene Maria von Byzanz. Die Ehefrau König Philipps von Schwaben starb 1208 auf Burg Hohenstaufen. Der staufische Zusammenbruch im 13. Jahrhundert bedeutete für das Kloster eine akute Gefahr, denn ehemalige Ministerialen beanspruchten einzelne Rechte. Gefährlicher noch war der Zugriff des Grafen Ulrich I. von Württemberg, der versuchte, die Vogtei über das Kloster zu übernehmen. Nach der Königswahl des Habsburgers Rudolf I. stellte dieser das Kloster Lorch 1274 unter die Vogtei des Reiches. Die staufischen Gründer des Klosters Lorch wurden jedoch auch nach ihrem Untergang nicht vergessen. Grund dafür war ein sogenanntes „Stifter-Gedächtnis", das jährlich am Tag des heiligen Märtyrers Antonius, dem 3. September, gefeiert wurde. Diese liturgische Memoria schuf die ewige Gegenwart der Stifter, so lange das Kloster bestand. Nach der Reformation sorgte dann der letzte katholische Abt, Benedikt Rebstock, mit einer Stiftung an

Lorch, Innenraum der Klosterkirche

Kloster Lorch, Klosterkirche

die Schwäbisch Gmünder Priesterbruderschaft 1562 dafür, dass der Jahrestag der Staufer in der Schwäbisch Gmünder Stadtkirche weiter begangen werden konnte. Daneben erinnerten in der Lorcher Klosterkirche Stiftertafeln in lateinischer und deutscher Fassung an die Staufer. Sie boten einen knappen Abriss der

Kloster Lorch, Klosterkirche, Staufertumba

Genealogie des Hauses. Die älteste Überlieferung der lateinischen Stiftertafel datiert ins Jahr 1462 und ist in der Zürcher Stadtchronik zu finden. Den Auslöser dafür bot ein allgemein motiviertes Interesse an den Staufern bzw. Herzögen von Schwaben. Im Rahmen von Neubaumaßnahmen in der Zeit um 1530 wurden dann Stauferbilder an den Pfeilern der Klosterkirche geschaffen. Hier steht unverkennbar der humanistische Stauferenthusiasmus im Vordergrund.

Wäschenbeuren, Schloss Wäscherburg

(sogenanntes Wäscherschloss)

Um alte Gemäuer ranken sich zumeist zahlreiche interessante Legenden. So auch in Wäschenbeuren (Kreis Göppingen), wo Kaiser Friedrich I. Barbarossa auf dem Rückweg von den Grabstätten seiner Vorfahren im Kloster Lorch zur Burg Hohenstaufen gerastet und sich in eine Wäscherin verliebt haben soll. Damit nicht genug: Ihr habe er zudem die Burg Büren geschenkt, worauf heute noch das Ortswappen Bezug nimmt. Im Gegensatz zur Legende tatsächlich der Name geht allerdings auf Konrad den Wascher zurück. Die Burg Büren sucht man heute vergeblich. Einzig das einstige Vorwerk in Gestalt von Schloss Wäscherburg hat die Zeiten überdauert. Es handelt sich dabei um eine kleine, sehr gut erhaltene Ministerialenburg aus der ersten Hälfte des 13. Jahrhunderts. Der rund 436 Meter hoch über dem Beutental gelegene Bau befindet sich in Blickbeziehung zum nahen Hohenstaufen. Schloss Wäscherburg umgibt noch die bauzeitliche sechseckige Mauer aus dem charakteristischen, die Stauferbauten prägenden Buckelquaderwerk, wobei die Ostseite mit dem Eingangstor nach ihrem Einsturz ab 1915 neu errichtet wurde. Den Westteil nimmt der

Wäschenbeuren, Wäscherschloss, Ansicht von Nordwesten

dreistöckige Palas ein, der zum Hof im Erdgeschoss ebenfalls aus einer Buckelquadermauer des 13. Jahrhunderts besteht, während die beiden Obergeschosse um 1500 bzw. 1699 entstanden. Bloße Vermutung ist, dass der „Stammvater" der Staufer Friedrich von Büren seinen Namen vom späteren Wäschenbeuren abgeleitet hat. Sein gleichnamiger Sohn Herzog Friedrich I. von Schwaben ließ unweit von Wäschenbeuren um das Jahr 1079 die Stammburg auf dem Hohenstaufen errichten.

Eingangsbereich des Schlosses Wäscherburg

Burg Hohenrechberg

Burg Hohenrechberg befindet sich am Nordrand der Schwäbischen Alb, rund 15 Kilometer nordöstlich von Göppingen und sieben Kilometer südlich von Schwäbisch Gmünd. Zur Zeit der Staufer bildete sie einen wichtigen Teil des Befestigungsringes, der sich um die Burg Hohenstaufen zog. Doch im Gegensatz zu der nur wenige Kilometer entfernt liegenden Stammburg der Staufer, die während des Bauernkriegs 1525 vollständig zerstört wurde, ist die 607 Meter über Normalnull gelegene Burg Hohenrechberg bis heute noch gut erhalten. Entstanden ist sie wohl zwischen 1200 und 1250 als staufische Ministerialenburg für die Familie Rechberg, den nachmaligen Grafen von Rechberg. Ulrich I. und dessen Sohn Hildebrand dienten den Herzögen mit Unterbrechungen von 1181 bis 1226. Die älteste urkundliche Erwähnung eines Ulricus de Rehperc, wohl jenes Ulrich I., findet sich in einem Privileg für das Kloster Rot, das Kaiser Friedrich I. Barbarossa am 22. Januar 1179 unterzeichnete.

Ulrich war Burgmann auf dem Hohenstaufen und zwischen 1194 und 1206 Marschall des Herzogtums Schwaben. Sein Sohn Hildebrand, Marschall von Rechberg, gehörte 1194 zu den Gefolgsleuten Kaiser Heinrichs VI. in Italien. Den Untergang der Staufer überstanden die Rechberger Ministerialen. Wilhelm I. von Hohenrechberg erwarb 1355 aus staufischem Besitz 16 Tagwerk Wiesen am Berg von Rechberg. Damit wurde auch die Burg erstmals urkundlich fassbar. Sie überstand den Bauernkrieg ebenso wie den Dreißigjährigen Krieg, auch wenn französische Soldaten 1648 die Anlage verwüsteten. Erst am 6. Januar 1865 brach das Unheil über Burg Hohenrechberg herein, als ein Blitz in den Westbau der Burg einschlug, in dessen Folge der gesamte Komplex ausbrannte. Seitdem ist die bis heute in Privatbesitz befindliche Burg Ruine.

Schwäbisch Gmünd: Stadt und Johanniskirche

Mit Schwäbisch Gmünd findet sich unweit des Hausklosters

Burg Hohenrechberg

Blick auf Burg Hohenrechberg

Lorch neben dem elsässischen Hagenau eine der frühesten Stadtgründungen der Staufer. Sie fand in der Zeit vor 1162 statt. Zugleich gehört der Ort zu den ältesten Besitzungen des Herrscherhauses. Im „Reichssteuerverzeichnis" von 1241 gehörte sie zu den reichsten Städten überhaupt. Eine herausgehobene Stellung hatte Schwäbisch Gmünd auch dadurch inne, dass die Stadt eines der Verwaltungszentren des staufischen Kerngebietes bildete. Der Stadtplan umschließt zwei Straßenzüge mit der durchgehenden Remstalstraße und der von ihr abzweigenden Waldstetter Straße.

Das Zentrum der Stadt bildet der in Nord-Süd-Richtung verlaufende, langgestreckte Straßenmarkt mit seinen von ihm rippenartig abzweigenden Seitengassen. Der staufische Kern Schwäbisch Gmünds ist zwischen dem Turniergraben im Westen und dem Kalten Markt im Osten ablesbar geblieben. Zu den wenigen erhaltenen Zeugnissen der Stauferzeit gehört neben dem überkommenen Stadtgrundriss die romanische Johanniskirche. Sie gilt als Edelstein unter den Kirchen in Schwäbisch Gmünd. Der Kunsthistoriker Georg Dehio hat sie 1908 als „Hauptbeispiel des wurzel-

Matthäus Merian d. Ä.: Ansicht von Schwäbisch Gmünd aus der Topographia Sueviae, 1643/56 (Ausschnitt)

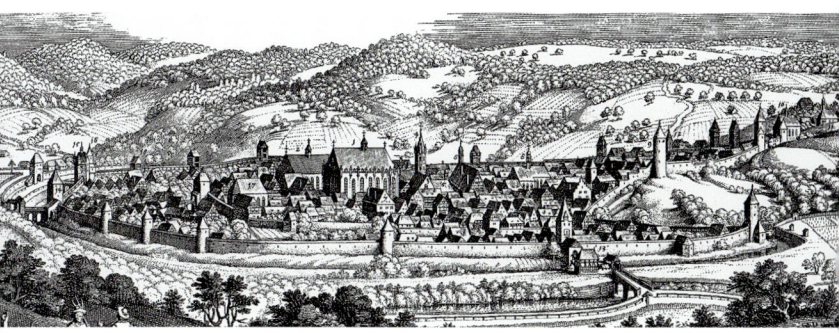

Schwäbisch Gmünd, Johanniskirche, Westansicht und Detail (unten)

echten schwäbischen Spätromanismus, der von der aus Frankreich kommenden, den deutschen Westen schon in Gärung versetzenden neuen Stilbewegung nicht weiß" charakterisiert. Wann genau und von wem die romanische Johanniskirche errichtet wurde ist ungewiss. Die Rede ist von einer Gruppe aus Sachsen gekommener Steinmetze, die das Gotteshaus zwischen 1210 und 1230 an Stelle ei-

nes Vorgängerbaues errichtet haben sollen. Dieser 17 Meter lange Vorgängerbau wurde im Ostteil des Mittelschiffs ergraben. Erstmals erwähnt wurde der Neubau, der bis 1297 unter dem Patronat des Benediktinerklosters Lorch stand, im Jahr 1225 in einer Wundererzählung des Caesarius von Heisterbach, wohingegen die erste urkundliche Erwähnung einer „capella" in das Jahr 1297 fällt. Der erhaltenen Gründungssage zufolge soll die Johanniskirche ihre Entstehung Agnes von Waiblingen, Tochter Kaiser Heinrichs IV. und Ehefrau Herzog Friedrichs I. von Staufen, verdanken, die bei der Jagd im Remstal ihren Ehering verloren habe. Der Ring wurde an der Stelle der heutigen Johanniskirche im Geweih eines erlegten Hirsches gefunden, so dass dies der passende Baugrund für die neue Kirche gewesen sei. Gemäß ihrer überreichen Schmuckformen ist eine Entstehung in den Jahren nach 1220 wahrscheinlich. Bereits die Fassade der dreischiffigen Pfeilerbasilika zeigt überbordenden Reichtum an Schmuckelementen aus Lisenen und Rundbogenfriesen, die die Fassade, die Seitenschiffflanken und die Apsis des 53 Meter langen und 25 Meter breiten Baues gliedern. Innerhalb der Rundbogenfriese finden sich menschliche und tierische Phantasiegestalten und Pflanzenmotive, darunter etwa Schweinsköpfe mit Drachenschwänzen, Vogelköpfe mit Fischschwänzen, Vögel oder Drachen, Menschenköpfe, Pelikane, Eulen, geflügelte Tiere und Affen, dazu Lilienmotive. Besonders herausragend sind die Darstellungen der thronenden Gottesmutter an der Südwestecke, das seitliche Löwenportal sowie das Hauptportal mit dem für die Romanik typi-

schen am Kreuz thronenden Christus.

Die Johanniskirche in ihrer heutigen Gestalt ist zugleich ein Zeugnis des Historismus des 19. Jahrhunderts, als das Gotteshaus zwischen 1869 und 1888 im Stil der Neoromanik umgestaltet wurde. Seit 1972 erinnert die sogenannte staufische Madonna von der Südwestecke des Außenbaues im Innenraum unter dem Chorbogen an das Herrschergeschlecht. Sie genießt große Bekanntheit. Und gilt bis heute als die wertvollste Plastik der Stadt Schwäbisch Gmünd.

Schwäbisch Hall: Stadt und Stadtkirche St. Michael

Das 1037 erstmals erwähnte fränkische „Schwäbisch Hall" gelangte 1115 nach dem Aussterben der Grafen von Comburg an die Staufer. Durch Saline und Salzhandel besaß die Marktsiedlung bereits unter den Com-

Blick auf die Altstadt von Schwäbisch Hall mit der Stadtkirche St. Michael (Foto: Roman Eisele)

burgern große wirtschaftliche Bedeutung, die die Staufer noch ausweiteten. Unter König Konrad III. wurde die Ansiedlung hangaufwärts erweitert. Wohl noch in seine Herrschaftszeit fiel der Baubeginn der heute evangelischen Stadtkirche St. Michael, die sich mit ihrer 1507 entstandenen berühmten Treppe majestätisch über den Marktplatz erhebt. Am 10. Februar 1156, dem Jahr nach der Kaiserkrönung von Konrads Nachfolger Friedrich I. Barbarossa, wurde das neue Gotteshaus vom Bischof von Würzburg geweiht. Es war als Filialkirche des Klosters Comburg entstanden. Noch aus staufischer Zeit stammen die vier untersten Geschosse des romanischen Westturms mit der Vorhalle, von wo aus der Erzengel Michael, eine Steinskulptur aus dem späten 13. Jahrhundert, als Hüter der Gerechtigkeit Markt und Stadt überblickt. In spätstaufischer Zeit sind Aufenthalte Heinrichs VII. verbürgt. Sein Quartier – der Königshof – wird unter dem Rats-

Schwäbisch Hall, evangelische Stadtkirche St. Michael, Fassade mit Treppenanlage (Foto: Berthold Werner)

keller des heutigen Rathauses am Marktplatz vermutet. Unter den Häusern der Altstadt datieren einige burgartige Gebäude im Kern in die Zeit der Staufer, darunter die „Keckenburg" mit Keckenturm – das heutige Hällisch-Fränkische Museum – in der Unteren Herrngasse bzw. das „Haus des Sulmeisters" sowie der Sulmeister-Turm am Steinernen Steg als Rest eines mittelalterlichen Wohnturmes. Die größte Bedeu-

Die Klosterburg (Groß-)Comburg in Schwäbisch Hall-Steinbach (Foto: Reinhard Kirchner)

(Groß-)Comburg mit der ehemaligen Klosterkirche St. Nikolaus (Foto: Matthias Süßen)

tung Schwäbisch Halls aber nahm die hier seit 1189 ansässige „Reichsmünze" ein, in der die berühmten „Heller" – Silberpfennige – geprägt wurden. Schwäbisch Hall wurde dadurch zu einem bedeutenden Verwaltungszentrum der Stauferzeit. Insgesamt bestanden damals 215 Münzstätten auf deutschem Boden, die zwischen 1140 und 1197 gegründet wurden. Die Zahl erhöhte sich bis 1260 auf 414 Prägeorte, wobei 13 % und später noch 8,9 % unter königlicher Regie standen. Zu erklären ist die hohe Anzahl mit der stürmischen Stadtgründungswelle des 12. und 13. Jahrhunderts. Nach dem Ende der Stauferherrschaft erlangte Schwäbisch Hall 1280 den Status einer Freien Reichsstadt, den sie bis zum Ende des Alten Reiches 1802/03 behielt.

Schwäbisch Hall: Großcomburg, Kloster und Kirche St. Nikolaus

Unweit von Schwäbisch Hall beherrscht auf einer Bergkuppe oberhalb des Kochertals die Comburg weithin die Landschaft. 1078 stifteten die Grafen von Comburg-Rothenburg die Comburg dem Benediktinerorden, der hier ein Kloster errichtete. Die ersten Mönche kamen aus Brauweiler im Rheinland.

Mit der Berufung eines Hirsauer Mönches zum Abt zwischen 1086 und 1088 kam das Kloster Comburg zu den Klöstern der Hirsauer Reform. Seine erste große Blütezeit erlebte es im 12. Jahrhundert unter Abt Hartwig oder Hertwig, der neben einem großen romanischen Radleuchter etwa zeitgleich um 1130 auch ein kostbares vergoldetes Antependium für den Altar stiftete. Der Radleuchter ist mit seinen zwölf Türmen ein Abbild der heiligen Stadt Jerusalem. Darauf weist zudem eine umfangreiche lateinische Inschrift hin, die den Leuchter als Sinnbild der Gottesstadt deutet und erklärt. 48 Lichter lassen ihn erstrahlen und setzten dabei die über 400 in feiner Gravur oder Treibarbeit dargestellten Heiligen, Propheten bzw. Apostel ins richtige Licht. Neben den Vergleichsstücken im Aachener Münster und im Hildesheimer Dom ist der Radleuchter der Großcomburg der größte und am besten erhaltene. Das Antependium aus vergolde-

Die Comburg thront auf einem Berg oberhalb des Kochers. Die Türme von St. Nikolaus stammen noch aus der Zeit der Staufer.

tem Kupferblech mit hölzernem Kern zeigt Christus und die zwölf Apostel in feinster Treibarbeit, eingebettet in ein Rahmensystem aus Inschriftenband, emaillierten Leisten und Edelsteinen.

Das Kloster stand nach dem Aussterben der Stifterfamilie ab 1138 unter staufischem Schutz und wurde 1254 von den Schenken von Limpurg beansprucht. Dem Kloster gelang es jedoch, diese Ansprüche abzuwehren und unter königlicher Vogtei zu bleiben, bis Kaiser Ludwig der Bayer 1318/19

Comburg, St. Nikolaus, Radleuchter (Foto: Michael Hanselmann)

die Vogtei an die Freie Reichsstadt Schwäbisch Hall übertrug. 1484 fiel die Vogtei als Reichslehen an den Würzburger Bischof. Dieser setzte die Schenken von Limpurg als Untervögte ein. Vier Jahre später wurde das Kloster in ein Chorherrenstift für Adlige umgewandelt.

Neben der kostbaren Innenausstattung der Stauferzeit blieben die Türme der 1088 geweihten Klosterkirche St. Nikolaus, einer 65 Meter langen, dreischiffigen, doppelchörigen Pfeilerbasilika aus staufischer Zeit, erhalten. Sie stammen aus der Zeit um 1220, wie auch die Erhardskapelle, ein sechseckiger Zentralbau aus sorgfältig bearbeiteten Großquadern, dessen ursprüngliche Funktion heute umstritten ist. Sie schwankt zwischen einer Nachbildung des Heiligen Grabes in Jerusalem und einer Friedhofs- bzw. Reliquienkapelle. Mit der gegenüber liegenden Kleincomburg gehört der Klosterkomplex von Großcomburg zu den bedeutendsten Klosteranlagen Baden-Württembergs.

DIE HERRSCHER

König Konrad III.
(1138–1152)

* Bamberg, 1093, König 1138
† Bamberg, 15.2.1152

Grabstätte: Dom zu Bamberg
(Ostkrypta)

Die beiden Staufer Herzog Friedrich II. von Schwaben und sein jüngerer Bruder Konrad waren enge Gefolgsleute der Salier und nahmen für ihren Onkel Kaiser Heinrich V., den Bruder ihrer Mutter Agnes, während seines Aufenthaltes in Italien seine Interessen in Deutschland wahr. Als Heinrich 1125 ohne Nachkommen starb, erbten die Staufer das salische Hausgut, wurden bei der Königswahl aber zugunsten Lothars von Supplinburg übergangen. Im Laufe des daraufhin einsetzenden Thronstreits wurde Konrad von der staufischen Partei 1127 zum Gegenkönig erhoben. Konnten er und sein Bruder König Lothar, der unterdessen von den Welfen Unterstützung erfuhr, zunächst standhalten, so mussten sie bald schon nachgeben und Konrad war 1135 gezwungen, den Titel eines Königs abzulegen.

Mit dem Tod Lothars zwei Jahre später ergab sich eine neue Chance. Erzbischof Albero von Trier, zu dem Konrad gute Beziehungen unterhielt, wurde zum Königsmacher. Er nutzte die Vakanz auf dem Mainzer Bischofsstuhl und bewog mit Billigung von Papst Innozenz II. unter Aus-

König Konrad III., Gemälde von Ferdinand Fellner (1799–1859), 1839, Öl auf Leinwand, 286 x 84 cm, Kaisersaal im Römer, Frankfurt a. M.

schaltung der Welfen Anfang 1138 einen Kreis einschlägig in-

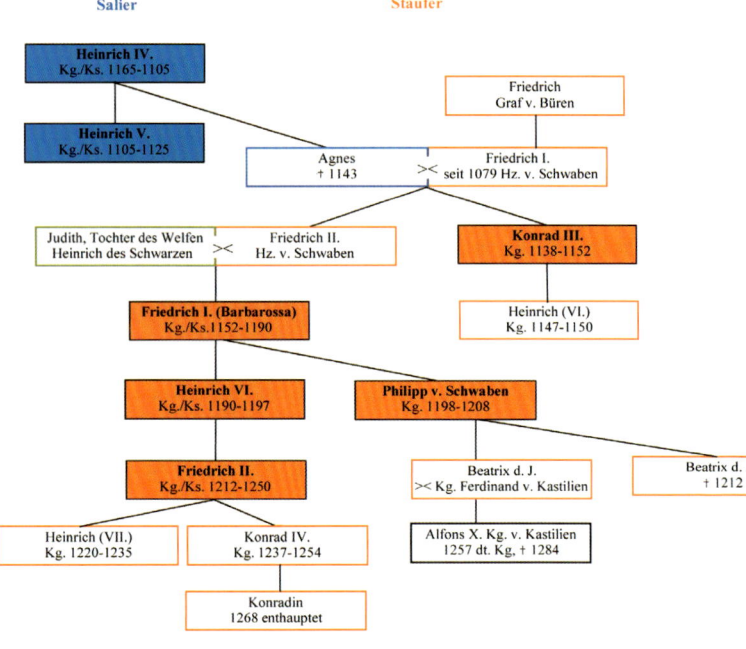

Salier **Staufer**

Stammbaum der Staufer und Welfen

teressierter Fürsten, Konrad zum König zu wählen. Heinrich der Stolze, der welfische Schwiegersohn Kaiser Lothars, dem dieser die Reichsinsignien übergeben hatte, konnte sich um seine Option auf den Kaiserthron betrogen fühlen. Dennoch gelang es, Konrad die allgemeine Anerkennung zu verschaffen. Heinrich der Stolze wurde unter ungeklärten Umständen zur Herausgabe der Reichsinsignien bewogen, doch verweigerte er dem neuen König Treueid und Mannschaft. Vor allem verlangte man von Heinrich, eines der beiden Herzogtümer, Sachsen oder Bayern, die ihm unterstanden, herauszugeben. Seine Weigerung, dies zu tun, brachte ihm Reichsacht ein. Auch die Markgrafschaft Tuszien wurde ihm

aberkannt. Der staufisch-welfische Gegensatz war damit unübersehbar. Die Ansprüche der Welfen gleichermaßen auf Bayern wie auf Sachsen wurden von der Familie in den folgenden Jahren auch über den Tod Heinrichs des Stolzen hinaus mit Macht und manch kriegerischem Händel gegen König Konrad und seine Partei verteidigt. Der Sohn Heinrichs, Heinrich der Löwe, erhielt später Sachsen zugesprochen.

Von besonderer außenpolitischer Bedeutung war Byzanz, das Konrad als Bündnispartner gegen die Normannen im Süden Italiens zu gewinnen versuchte. 1146 festigte er diese Beziehung durch die Ehe seiner Schwägerin Bertha von Sulzbach mit Kaiser Manuel I. Komnenos;

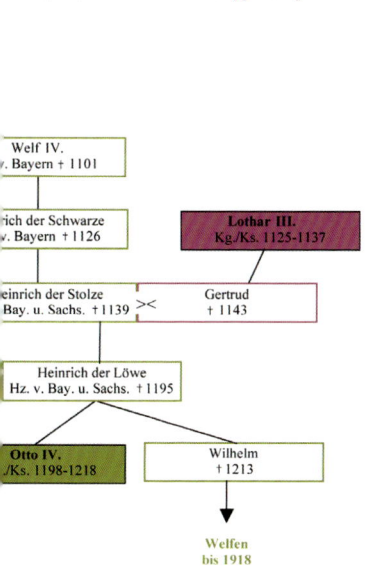

Welfen (Este)   Supplinburg

Welf IV.
v. Bayern † 1101

...rich der Schwarze
v. Bayern †1126

Lothar III.
Kg./Ks. 1125-1137

...einrich der Stolze
Bay. u. Sachs. †1139 >< Gertrud
† 1143

Heinrich der Löwe
Hz. v. Bay. u. Sachs. †1195

Otto IV.
./Ks. 1198-1218

Wilhelm
† 1213

Welfen
bis 1918

Bertha erhielt in Konstantinopel den Namen Irene.

Die 1140er Jahre standen unter dem Zeichen neuer Bedrohungen für die Kreuzfahrerstaaten. Es erschallte daher der Ruf nach einem zweiten Kreuzzug – auch in Deutschland machtvoll propagiert durch Bernhard von Clairvaux, den Konrad III. am Weihnachtstag 1146 im Dom zu Speyer predigen hörte. Vor seinem Aufbruch ins Heilige Land versuchte Konrad die Angelegenheiten im Reich zu regeln, indem er 1147 seinen zehnjährigen Sohn Heinrich zum Nachfolger wählen, einen allgemeinen Reichsfrieden verkünden und die welfische Frage vertagen ließ. Danach brach Konrad III. zum Kreuzzug auf, dem sich auch König Ludwig VII. von Frankreich anschloss. Bereits auf dem Marsch durch Kleinasien kam das Unternehmen

ins Stocken. Konrad erreichte zwar das Heilige Land, konnte aber wegen zu großer Uneinigkeit in den Kreuzfahrerheeren nichts ausrichten. 1149 nach Deutschland zurückgekehrt, hatte Konrad III. sich wieder der Auseinandersetzung mit den Welfen um ihre Ansprüche auf Bayern zu stellen. Den geplanten Italienzug, der ihm die Kaiserkrone hätte bringen sollen, konnte er nicht mehr realisieren. Konrad III. starb 1152 in Bamberg, wo er auch begraben wurde. Da sein zum König erhobener Sohn Heinrich ebenfalls schon gestorben war, bestimmte er seinen Neffen, Herzog Friedrich III. (Barbarossa), zu seinem Nachfolger.

Kaiser Friedrich I. (Barbarossa)
(1155–1190)

* 1122, König 1152, Kaiser 1155
† ertrunken im Fluss Saleph in Kleinasien am 10.6.1190

Grabstätte: Körper in der Kathedrale St. Peter in Antiochia, Herz und Eingeweide in Tarsus, Gebeine in der Kathedrale in Tyrus. Ihre Beisetzung in Jerusalem war vorgesehen.

Da Konrads III. jüngster Sohn bei seinem Tod noch minderjährig war, designierte der sterbende König seinen Neffen Herzog Friedrich III. von Schwaben, der sich als junger Fürst schon verschiedentlich bewährt hatte, zu seinem Nachfolger. Friedrich galt als scharfsinnig, durchsetzungsfähig, politisch sehr be-

Kaiser Friedrich I., Gemälde von Carl Friedrich Lessing (1808–1880), 1840, Öl auf Leinwand, 285 x 80 cm, Kaisersaal im Römer, Frankfurt am Main

men ein, unter dem er allgemein bekannt geworden ist: „Barbarossa". Da er dank seiner Mutter Judith, Tochter Heinrichs des Schwarzen, zur Hälfte auch welfischer Herkunft und damit ein Vetter des später sehr mächtig gewordenen Heinrich des Löwen (ca. 1129–1195) war, bestand Aussicht, dass ihm ein Ausgleich des staufisch-welfischen Gegensatzes gelingen könnte. Nach seiner einmütigen Wahl zum König 1152 lässt sich zunächst eine Begünstigung der welfischen Verwandten feststellen; im Nordosten und im Herzogtum Sachsen ließ er Heinrich dem Löwen freie Hand, sodass dieser dort eine machtvolle Stellung entfalten konnte und sich für mehr als zwanzig Jahre loyal gegenüber Friedrich verhielt.

Um die Kaiserkrönung zu erlangen, versprach Friedrich Papst Eugen III. (reg. 1145–1153) im Vertrag von Konstanz Unterstützung gegen die Normannen und die stadtrömische Bewegung, die dem Kirchenoberhaupt beide zusetzten. Als Friedrich zu diesem Zweck 1154 erstmals nach Italien aufbrach, sah er sich zunächst mit den oberitalienischen Städten, insbesondere Mailand, konfrontiert, die zu einem größeren Maß an Selbstständigkeit gefunden hatten. Die lombardische Städtebewegung sollte dauerhaft ein ernst zu nehmender Machtfaktor in seiner Italienpolitik bleiben. Auf dem Weg nach Rom besuchte er im Mai 1155 in Bologna die berühmte Rechtsschule, in der das römische Recht gelehrt wurde, und erließ wahrscheinlich bei dieser Gelegenheit jenes älteste

gabt, auch als leutselig, großzügig und gerechtigkeitsliebend. Sein rötlicher Bart trug ihm später bei den Italienern den Na-

Das Reich der Staufer 1125–1254

Universitätsprivileg, das die Professoren unter besonderen Schutz stellte. Die Kaiserkrönung durch den Papst in Rom am 18. Juni 1155 war nur dank militärischer Sicherung gegen den Widerstand der stadtrömischen Bewegung zu erlangen. Auch die Austarierung des Verhältnisses von Kaiser und Papst blieb prekär. Der dem Papst versprochene Feldzug gegen die Normannen ließ sich nicht realisieren. Schon kurze Zeit später begann sich in Süditalien das Blatt zu wenden, als der Papst 1156 mit dem den Kirchenstaat bedrohenden Normannenkönig Wilhelm I. dauerhaft Frieden schloss.

Zurück in Deutschland vollzog Friedrich 1156 eine Teilung Bayerns, indem er den östlichen Teil, Österreich, abtrennte, zum Herzogtum erhob und mit besonderen Privilegien ausstattete. Damit fand er die Babenberger ab, die zwischenzeitlich (1139–1156) mit Bayern belehnt waren, während es schon zuvor beschlossen war, dieses wieder an die Welfen und damit zusätzlich zu seinem Besitz in Sachsen an Heinrich den Löwen zu übergeben. Der Einflussbereich dieses mächtigen Vasallen des Kaisers wurde damit eminent vergrößert. 1158 wurde Heinrich zum Gründer von München.

Durch Heirat mit Beatrix von Burgund 1156 konnte Friedrich Burgund und die Provence als Familiengut sichern. Beatrix schenkte ihm darüber hinaus zwölf Kinder. Auch Friedrichs zweiter Italienzug 1158 bis 1162 galt der Festigung seiner Macht vor allem in Reichsita-

lien: der Kaiser wollte die Reichsgewalt insbesondere hinsichtlich alter Regalien gegenüber den lombardischen Städten, so vor allem gegenüber Mailand, das er militärisch einnahm und später zerstören ließ, durchsetzen. Der bedeutende Zuwachs an Einnahmen, der mit diesem Vorgehen für ihn verbunden war, kollidierte jedoch mit den Autonomiebestrebungen der Städte.

Dieser schwierige Konflikt tangierte auch das fragile Verhältnis Friedrichs zum Papsttum, mit dem es wegen Rang- und Machtfragen ohnehin immer wieder zu Auseinandersetzungen gekommen war. So erhoben die Kardinäle 1159 mit Alexander III. (reg 1159–1181) einen Mann zum Papst, der sich hinter die mit Friedrich verfeindeten lombardischen Städte stellte, während eine deutschfreundliche Partei mit Viktor IV. einen Gegenpapst benannte. Damit war ein Schisma entstanden, das achtzehn Jahre lang währen sollte und in das in wechselnden Bündnissen auch Frankreich und England hineingezogen wurden. Paschalis III., der 1164 dem verstorbenen Viktor IV. als deutschfreundlicher Gegenpapst nachfolgte, sprach im Jahr 1165 in Aachen Kaiser Karl den Großen, in dessen Herrschaftstradition Barbarossa sich stellte, heilig. 1166 suchte Friedrich die Entscheidung in der Papstfrage in Italien und marschierte mit großem Aufgebot nach Rom, wo es zunächst gelang, Alexander III. zu vertreiben und Paschalis III. zu inthronisieren. Dieser glänzende Erfolg wurde jäh zunichtegemacht, als eine katastrophale Malariaepidemie die kaiserlichen Truppen befiel und Friedrich zum schnellen Rückzug nach Norditalien zwang. Hier erhoben sich – unterdessen zum Bund vereint – die lombardischen Städte mit dem Ziel, ihre alten kommunalen Freiheiten wieder herzustellen, gegen den Kaiser. Friedrichs dritter Italienzug endete damit im Fiasko.

In Deutschland hingegen konnte er seine Stellung zielstrebig ausbauen, ließ seinen Sohn Heinrich 1169 zum König wählen und bemühte sich, durch Städtegründungen und den Einsatz von Reichsministerialen in der Verwaltung eine geschlossene Königslandschaft herzustellen. Ein erneuter Versuch, in den Jahren 1174/75 die Situation in Italien, insbesondere das Papstschisma militärisch zu entscheiden, misslang. Als Friedrich infolge dieser Bemühungen 1176 in Chiavenna seinen Vetter Heinrich den Löwen um Waffenhilfe bat, verweigerte sich dieser ihm; Heinrich hatte als Gegenleistung für einen solchen Dienst das wegen seines Silberreichtums bedeutende Goslar verlangt, was Friedrich trotz seiner aktuellen militärischen Notlage nicht zu geben bereit gewesen war. Dieses erpresserische Ansinnen Heinrichs war der Beginn des Bruchs zwischen dem Staufer und dem Welfen, der in der Folge die Deutschlandpolitik noch schwer belasten sollte. Wegen der ausgebliebenen militärischen Unterstützung scheiterte die kaiserliche Reku-

Kopfreliquiar Friedrichs I., sog. Cappenberger Barbarossa-Kopf, um 1160

perationspolitik in Italien endgültig; Friedrich war gezwungen, die Machtfragen auf dem Verhandlungswege zu lösen: Er musste Alexander III. als Papst anerkennen und auf verschiedene Besitzungen verzichten. Immerhin gelang es ihm, die lombardischen Städte, mit denen ein Waffenstillstand vereinbart wurde, zu isolieren. Auf dem Rückzug nach Deutschland empfing er 1178 in Arles die burgundische Königskrone.

Die Jahre 1080/81 brachten den Fall Heinrichs des Löwen. Als Herzog von Bayern und Sachsen hatte er mit Unterstützung Kaiser Friedrichs eine außergewöhnlich mächtige, fast königsgleiche Stellung erworben und seinen Herrschaftsbereich nach Norden hin arrondiert (Gründung Lübecks 1159 und Schwerins 1160). Hatte Friedrich ihn bislang gehalten, so milderte er unter dem Eindruck der Waffenverweigerung in Chiavenna neuerliche Klagen seiner Gegner wegen Landfriedensbruchs jetzt nicht mehr ab. Dies leitete sukzessive Heinrichs Niedergang ein, der am Ende zum Verlust seiner Lehen führte. Bayern und Sachsen wurden in kleinere Territorien geteilt und an andere Fürsten vergeben (so u. a. Bayern an die Wittelsbacher). Heinrich blieb nur sein Allodialbesitz in Lüneburg und Braunschweig, das er zur Residenz ausgebaut hatte. 1182 war er gezwungen, sich ins Exil zum König von England zu begeben, mit dessen Tochter er verheiratet war.

1183 gelang im Frieden von Piacenza und Konstanz die Aussöhnung mit den lombardischen Städten. Diese konnten ihre innere Autonomie und ihren Bund behaupten, der Kaiser die formelle Oberhoheit. Die Regalien blieben den Städten erhalten, sie mussten sie zum Teil jedoch durch hohe Summen ablösen. Grundlegend verändert wurden auch die politischen Verhältnisse im Süden Italiens, als Barbarossas Sohn, König Heinrich VI., sich 1184 mit der elf Jahre älteren Konstanze aus der Normannendynastie verlobte. Konstanze war die Tante des sizilianischen Königs Wilhelm II. Dass diese so erlangte Beilegung des staufisch-sizilianischen Konflikts dereinst sogar in die politische Vereinigung der beiden Reiche münden würde, war damals noch nicht absehbar. Als im Jahr 1187 Sultan Saladin Jerusalem einnahm, brach in Europa eine neue Kreuzzugsbegeisterung aus. Während Kaisersohn Heinrich in Deutschland die Regentschaft übernahm,

brach 1189 unter Führung Barbarossas ein großes Heer zum dritten Kreuzzug in den Orient auf. Friedrich mag darin die Erfüllung seines Lebens erblickt haben. Nach mancherlei Schwierigkeiten, insbesondere mit Byzanz, durchschritten die Truppen Kleinasien. Hier fand Kaiser Barbarossa am 10. Juni 1190, als er in dem Fluss Saleph ein erfrischendes Bad nehmen wollte, unerwartet den Tod. Mit Friedrich Barbarossa, dessen lange Regierungszeit von Pragmatismus und vielen klug errungenen Erfolgen gekennzeichnet war, hatte das mittelalterliche Kaisertum einen Höhepunkt erreicht. Nicht von ungefähr konnte sich um ihn später die Sage ranken, er schlafe im Kyffhäuser in Thüringen, werde eines Tages erwachen und die alte entschwundene Kaiserherrlichkeit wieder erneuern.

Kaiser Heinrich VI.
(1191–1197)

* Nimwegen, November 1165
König 1169, Kaiser 1191
† Messina, 28.9.1197

Grabstätte: Dom zu Palermo

Heinrich VI. war von seinem Vater Friedrich Barbarossa unter Umgehung eines kränklichen älteren Bruders im vierten Lebensjahr als König inthronisiert worden und stand damit schon in früher Kindheit als Nachfolger fest. 1186 heiratete er die elf Jahre ältere Konstanze, Tochter von König Roger II. von Sizilien. Schon früh wurde er mit Regierungsaufgaben betraut und übernahm daher auch die Regentschaft über Deutschland, als sein Vater 1189 zu jenem Kreuzzug aufbrach, von dem er nicht mehr wiederkehren sollte. In dieser Zeit sah Heinrich sich mit dem Auftreten Heinrichs des Löwen konfrontiert, der entgegen seinem Versprechen aus dem Exil in England zurückgekehrt war und versuchte, seine alte überragende Machtposition im Reich wieder zu restituieren. Heinrichs militärisches Vorgehen gegen den großen welfischen Rivalen führte zunächst nicht zum Erfolg. Er musste sich schließlich mit ihm vergleichen, als er Nachricht erhielt, dass durch den Tod König Wilhelms II. von Sizilien 1189 im Süden der Erbfall für ihn und seine aus der Normannendynastie abstammende Frau eingetreten war, und er daher nach Italien aufbrechen musste. Da seine Abreise durch den plötzlichen Tod seines Vaters 1190 noch verzögert wurde, veränderte sich die Lage in Süditalien immer mehr zu seinen Ungunsten. Eine sizilianische Nationalpartei hatte den unehelich geborenen Halbbruder des verstorbenen Königs, Graf Tankred von Lecce, zum König erhoben und darin auch Unterstützung durch Papst Clemens III. (1187–1191) erfahren. Entsprechend schwierig gestaltete sich der Italienzug König Heinrichs. Auch der Nachfolger auf dem Stuhl Petri, Cölestin III. (1191–1198), betrachtete die sich abzeichnende Vereinigung Siziliens mit dem Reich, die den Kirchenstaat umschließen würde, mit Argwohn und zögerte die bevor-

Kaiser Heinrich VI., Gemälde von Johann Baptist Zwecker (1814–1876), 1840, Öl auf Leinwand, 282 x 88 cm, Kaisersaal im Römer, Frankfurt am Main

stehende Krönung Heinrichs zum Kaiser hinaus. Sie fand am 14. April 1191 in Rom statt. Ein sich anschließender Feldzug weiter nach Süden blieb ohne Erfolg; Heinrich konnte seine Erbansprüche auf Sizilien zunächst nicht realisieren. Stattdessen wurde seine Ehefrau Konstanze von der sizilianischen Gegenpartei gefangen genommen, und der Papst wertete König Tankred auf, indem er ihn mit Sizilien belehnte, obwohl der Kaiser die Lehenshoheit für sich beanspruchte. Heinrich musste unverrichteter Dinge den Rückzug nach Deutschland antreten.

Hier sah er sich erneut mit der welfischen Opposition konfrontiert, die sich auch auf andere Fürsten ausweitete, als er bei der Besetzung des Bistums Lüttich unglücklich agierte. Diese mächtige inländische Gegnerschaft klang ab, als durch einen Zufall der englische König Richard Löwenherz gefangen genommen werden konnte, der auf dem Rückweg vom Kreuzzug Schiffbruch erlitten hatte und daher versuchen musste, heimlich auf dem Landweg in seine Heimat zu gelangen. Heinrich konnte für seine Freilassung ein hohes Lösegeld, das ihm einen neuen Italienzug ermöglichte, und Lehensleistungen erwirken. Die Auflösung der Fürstenopposition führte 1194 schließlich zur Aussöhnung mit Heinrich dem Löwen.

So konnte Heinrich im Mai 1194 erneut nach Italien aufbrechen. Da der sizilianische Gegenkönig, Tankred, kurz zuvor verstorben war, gelang die Eroberung Siziliens jetzt ohne Mühe. Heinrich zog in Palermo ein, wo er am Weihnachtstag des Jahres 1194 die Königskrone empfing. Am Tag danach gebar ihm Konstanze den ersehnten Thronfolger, den späteren Kaiser Friedrich II. Seine Frau setzte er als Abkömmling der Normannendynastie als Regentin über Sizilien ein und beließ den gemeinsamen Sohn bei ihr. Dann kehrte er nach Deutschland zurück, wohin er den großen Normannenschatz und aus Sicherheitsgründen den unmündigen Sohn König Tankreds mitnahm. In Deutschland gelang ihm die Stabilisierung der Haus- und Reichsgüter. Auch außenpolitisch hatte er Erfolge zu verzeichnen, etwa indem er Byzanz zu Tributzahlungen zu nötigen verstand. Als er den Plan für einen neuen Kreuzzug fasste, begann er sich vorab um die Sicherung seiner Nachfolge zu bemühen. Zu diesem Zweck versuchte er, das Reich analog der westlichen Monarchien in ein Erbreich umzuformen, an dem sein Haus das Erbrecht hätte. Den weltlichen Fürsten, die dafür ihr Wahlrecht zu opfern hatten, stellte er dafür die Erblichkeit ihrer Lehen in Aussicht, den geistlichen Fürsten den Verzicht auf sein Spolienrecht (Heimfall des persönlichen Nachlasses). Waren die Fürsten diesem Plan gegenüber zunächst aufgeschlossen, so verweigerten sie 1196 schließlich die Zustimmung, nachdem es Heinrich nicht gelungen war, auch den Papst dafür zu gewinnen. Allerdings waren sie bereit, den damals zweijährigen Sohn Heinrichs, Friedrich II., zum römischen König zu wählen. 1197 musste Heinrich eine Verschwörung in Sizilien niederwerfen. Mitten in den Vorbereitungen für den geplanten Kreuzzug erkrankte er an Malaria und starb knapp zweiunddreißigjährig am 28. September 1197 in Messina. In der Kathedrale von Palermo fand er seine letzte Ruhestätte. Mit dem frühen Tod Kaiser Heinrichs VI. war eine Phase der inneren Stabilisierung Deutschlands und seiner Behauptung nach außen jäh abgebrochen. Das staufische Großreich zerfiel.

König Philipp von Schwaben

(1198–1208)

* August 1177,
König 1198
† ermordet in Bamberg, 21.6.1208

Grabstätte: Dom zu Speyer

Mit dem bloßen Schwert in der Hand tötete Otto VIII. von Wittelsbach König Philipp von Schwaben am 21. Juni 1208 in Bamberg. Der tödliche Hieb traf den Herrscher am Hals. Als Tatmotive werden heute neben gekränkter Eitelkeit auch Rachegefühle vermutet, denn Philipp hatte Ottos Heiratspläne durchkreuzt. Als Komplizen wirkten Ekbert von Bamberg und Heinrich von Istrien aus dem Hause Andechs-Meranien. Sie unterstützten Otto in seinem Vorhaben, weil der König der Ausdehnung des Machtbereichs ihrer Familie im Wege stand. Geboren wurde Philipp von Schwaben im August 1177 als jüngster Sohn Kaiser Friedrichs I. Barbarossa und dessen zweiter Frau Beatrix von Burgund. Von 1190 bis 1191 war er Her-

König Philipp von Schwaben, Gemälde von Alfred Rethel (1816–1859), um 1842, Öl auf Leinwand, 286 x 84 cm, Kaisersaal im Römer, Frankfurt am Main

zog von Franken, von 1195 bis 1197 Markgraf von Tuszien, von 1196 bis 1208 Herzog von Schwaben und zuletzt von 1198 bis zu seiner Ermordung römisch-deutscher König. Nach dem Tod Heinrichs VI. war Herzog Philipp von Schwaben einer von drei Nachfolgern. Friedrich II., der minderjährige Sohn des verstorbenen Kaisers, war bereits zum König gewählt worden. Mit dem Welfen Herzog Otto IV. beanspruchte der Sohn Heinrichs des Löwen und Neffe des englischen Königs Richard Löwenherz ebenfalls die Herrschaft im Reich. Philipp von Schwaben wiederum, der Bruder Kaiser Heinrichs VI. und Onkel des kleinen Friedrich II., sah sich zunächst als Sachwalter seines Neffen und versuchte, den Zweijährigen aus Süditalien nach Aachen zur Krönung zu bringen, doch ein Aufstand in Mittelitalien machte diese Absicht unmöglich. So ließ er sich widerstrebend selbst zum König erheben. Allerdings waren die drei rheinischen Erzbischöfe nicht an seiner Wahl beteiligt und auch die Krönung fand nicht in Aachen, sondern im thüringischen Mühlhausen statt. Einzig die Reichskleinodien als Krönungsinsignien waren die richtigen. Mit nachgebildeten Insignien, dafür aber mit Hilfe des Kölner Erzbischofs ließ sich Otto IV. in Aachen zum Gegenkönig krönen. Die Rivalitäten verbesserten sich erst mit dem Tod von König Richard Löwenherz im April 1199 zugunsten von König Philipp. Allmählich wechselten wichtige weltliche und geistliche Fürsten auf seine Seite. Mit dem Übertritt des Kölner Erzbischofs 1204 wurde Philipp allgemein anerkannt. Seine Ermordung 1208 riss den jungen König aus dem Leben – mitten in den Verhandlungen mit Papst Innozenz III. um seine Kaiserkrönung.

König Otto IV. von Braunschweig
(1198–1218)

* Braunschweig, 1175/76
König 1198 und 1208, Kaiser 1209
† auf der Harzburg, 19.5.1218

Grabstätte: Dom zu Braunschweig

Der plötzliche Tod Heinrichs VI. führte zu einem erbitterten Kampf zwischen Staufern und Welfen um seine Nachfolge auf dem Kaiserthron. Der 1196 in Frankfurt zum Thronfolger gewählte Sohn Heinrichs, Friedrich, war als dreijähriger Knabe noch nicht regierungsfähig. Wohl versuchte sein Onkel Philipp, Herzog von Schwaben, ihn aus dem unruhigen Süditalien, wo er sich zuletzt aufhielt, nach Deutschland zu holen, um hier das staufische Königtum zu sichern. Friedrichs Mutter aber, Kaiserin Konstanze, verweigerte sich diesem Interesse. Sie war bestrebt, Friedrich deutschem Einfluss zu entziehen, ließ ihn nach Sizilien bringen, das sie als Erbtochter der Normannendynastie den Staufern eingebracht hatte, und wollte ihm dort die Herrschaft sichern. Philipp, der ursprünglich für die geistliche Laufbahn bestimmt war, musste so ersatzweise für seinen Neffen in Deutschland in die Herrschaftsfunktionen eintreten und wurde von Parteigängern der Staufer 1198 daher zum König erhoben.
Angesichts dieser inneren Widersprüche der staufischen Herr-

scherfamilie sahen nun auch die Welfen ihre Stunde gekommen. Unter Führung des Erzbischofs Adolf von Köln und unter Mithilfe des englischen Königs Richard Löwenherz – einem mächtigen Gegner der Staufer – wählte nur wenige Wochen später eine Minderheit der Fürsten den Sohn Heinrichs des Löwen (und Urenkel Kaiser Lothars, Otto von Braunschweig, zum Gegenkönig.

Ein wesentlicher Anteil am Ausgang des Kräfteringens zwischen den beiden Königen kam dem Papst, Innozenz III. (1198–1216), zu. Die Schwächung der Staufer nutzte er dazu, seinen territorialen Einfluss in Italien wieder auszuweiten und einen Keil zwischen Reichsitalien im Norden und dem Königreich Sizilien zu treiben. Während Otto sich dieser päpstlichen Politik nicht entgegenstellte, sahen die Staufer sich in ihren Interessen in Italien verletzt. Zudem stellte sich Frankreich hinter Philipp, Richard Löwenherz von England, der seinem Vater schon Asyl geboten hatte, hinter Otto. Papst Innozenz erkannte 1200/01 zunächst Otto an, wofür dieser ihm durch eidliche Versicherung (Neußer Eide) eine Reihe politischer Zugeständnisse machte, die auf die Mehrung des päpstlichen Einflusses in Italien und in Sizilien hinausliefen. Der Anhang Philipps von Schwaben wurde mit dem Kirchenbann belegt.

Doch die Kräfteverhältnisse zwischen Staufern und Welfen in Deutschland blieben sehr wechselhaft; Unterstützer der beiden Könige liefen verschie-

König Otto IV. von Braunschweig, Gemälde von Moritz Daniel Oppenheim (1880–1882), 1839, Öl auf Leinwand, 285 x 83 cm, Kaisersaal im Römer, Frankfurt am Main

dentlich von einer zur anderen Seite über, so unter anderem Erzbischof Adolf von Köln, der zunächst auf der Seite Ottos gestanden hatte, sich 1205 dann aber bereit erklärte, Philipp in der alten Königsstadt Aachen ein zweites Mal zu krönen (die erste Krönung hatte in Mainz stattgefunden) und so seine Legitimität zu erhöhen. So änderten sich die Verhältnisse wenige Jahre später wieder zugunsten Philipps. Selbst mit Papst Innozenz, dem der Staufer diverse Zugeständnisse machte, kam es zur Annäherung, sodass dieser bereit war, seinen bisherigen Favoriten, Otto, zum Einlenken zu bewegen. Der Papst löste Philipp vom Kirchenbann und bereitete schließlich seine Anerkennung vor. 1207 kam es zu einem Waffenstillstand zwischen Staufern und Welfen, der durch die Verlobung Ottos mit der Tochter Philipps, Beatrix, bestärkt wurde. Zum Thronverzicht wollte Otto sich aber trotz verschiedentlich angebotener Kompensationen nicht bewegen lassen.

Kurz bevor sich die Waage endgültig zugunsten Philipps neigte, kam es zu einer überraschenden Wende. Philipp wurde am 21. Juni 1208 in Bamberg Opfer eines Privatracheaktes des Wittelsbacher Pfalzgrafen Otto.

Außer dem unterdessen dreizehnjährigen Friedrich in Sizilien war damit kein Staufer mehr vorhanden. Ihre Parteigänger entschieden sich daher überraschend schnell für Otto, der wenige Monate nach dem Mord an Philipp bei einer (Nach-) Wahl in Frankfurt einmütig bestätigt wurde. Zusätzliche Legitimation verschaffte ihm die Heirat mit seiner Verlobten Beatrix, der Tochter des umgekommenen Rivalen, im

Jahr darauf. Der Unterstützung durch Papst Innozenz versicherte Otto sich durch eine Reihe weitreichender Versprechungen, zu der neben speziell kirchenpolitischen Zugeständnissen unter anderem auch die Anerkennung der päpstlichen Lehensherrschaft über Sizilien gehörte.

Ließ der Papst sich so am 4. Oktober 1209 für die Krönung Ottos zum Kaiser gewinnen, so hielt dieser sich im Folgenden nicht an die von ihm gegebenen politischen Zusagen. Otto wandte sich 1210 nach Süditalien, um in Sizilien einzumarschieren. Da diese Aktion den Interessen des Papstes und Absprachen mit ihm widersprach, verhängte Innozenz III. den Bann nun über Otto und vermochte mit Unterstützung des französischen Königs eine Reihe deutscher Fürsten dazu zu bewegen, im September 1211 eine Gegenmacht gegen Otto aufzubauen, indem diese auf einer Versammlung in Nürnberg den in Sizilien weilenden Staufer Friedrich als künftigen Kaiser wählten.

Otto war damit gezwungen, seinen Feldzug im Süden abzubrechen und nach Deutschland zurückzukehren, wohin auch Friedrich bald aufbrach. Während dieser sich in Frankfurt am 5. Dezember 1212 noch einmal formell zum König wählen und anschließend in Mainz krönen ließ, bahnten sich in der europäischen Politik militärische Konflikte an, die den Thronstreit in Deutschland entschieden. England, das die Welfen unterstützte, unterlag in einem Krieg mit Frankreich, das mit Friedrich verbündet war.

Durch dieses Ereignis zerfiel Ottos Machtbasis im Kampf gegen Friedrich. Im Folgenden war er ganz auf seine braunschweigischen Besitzungen eingeschränkt, wo er 1218 in Isolation verstarb. Seine unberechenbare Haltung gegenüber dem Papst und sein maßloses Abenteuer in Sizilien hatten die Welfen um ihre Chancen als Kaiserdynastie gebracht.

Kaiser Friedrich II.
(1220–1250)

* Jesi (Provinz Ancona), 26.12.1194, König 1196 und 1212, Kaiser 1220
† Castel Fiorentino bei Lucera (Provinz Fòggia), 13.12.1250

Grabstätte: Dom zu Palermo, Herz im Dom zu Fòggia

Kaiser Friedrich II. ist unter den Herrscherfiguren des Mittelalters die rätselhafteste und widersprüchlichste. Bereits zu Lebzeiten entzündeten sich an seiner Person extrem polarisierte Ansichten. Vor dem Hintergrund der seinerzeit allgemein verbreiteten Vorstellung, in einer welt- und heilsgeschichtlichen Endzeit zu leben, war er für seine Gegner, vor allem die Päpste, die Personifizierung des Antichristen und der apokalyptischen Bestien, während seine Anhänger in seinem außerordentlichen Charisma messianische und christusähnliche Züge erblickten. Wie kaum ein anderer Herrscher hatte er hohe intellektuelle Begabungen, pflegte die Künste und die Wissenschaften und verfasste selbst ein Buch über die Vogelkunde.

Kaiser Friedrich II., Gemälde von Philipp Veit (1793–1877), 1840, Öl auf Leinwand, 291 x 82 cm, Kaisersaal im Römer, Frankfurt am Main

Sein Reich erstreckte sich von Sizilien bis nach Norddeutschland – Nietzsche beizeichnete ihn als „ersten Europäer". Unvoreingenommen pflegte er aber auch Kontakte zu Arabern und Juden und machte als König von Jerusalem Ambitionen auch im Orient geltend.

Schon die Umstände der Geburt Friedrichs waren ungewöhnlich. Seine Mutter Konstanze empfing ihn nach neun kinderlosen Ehejahren im Alter von annähernd 40 Jahren, was – in der Rückschau nicht zuletzt von Friedrich selbst – als Wunder gedeutet wurde. War er väterlicherseits Erbe des staufischen Hausgutes und durch die Wahl zum deutschen König bereits 1196 Aspirant auf den Kaiserthron, so hatte er über seine Mutter, Erbtochter der Normannendynastie, Anrecht auf das Königreich Sizilien. Als sein Vater, Heinrich VI., im September 1197, als Friedrich noch keine drei Jahre alt war, in Messina überraschend starb, wurden die Aussichten auf das große Erbe allerdings fraglich, als seine Mutter Konstanze sich sofort auf ihr eigenes Erbteil, Sizilien, konzentrierte, und das Erbe ihres Mannes, das Römische Reich, für ihren Sohn faktisch ausschlug. Sie ließ Friedrich nach Sizilien bringen und am Pfingsttag 1198 in Palermo im vierten Lebensjahr zum König von Sizilien krönen. Deutschem Einfluss versuchte sie ihn zu entziehen. Friedrich wuchs als Sizilianer heran.

Friedrich hatte sein viertes Lebensjahr noch nicht vollendet, als auch seine Mutter verstarb. Zum Vormund über ihren Sohn setzte sie mit Papst Innozenz III. (1198–1216) eine überaus tatkräftige Persönlichkeit ein. Ihm war vor allem daran gelegen, die Vorherrschaft der Kirche durchzusetzen und eine Umklammerung des Kirchenstaates durch die Staufer zu verhindern. Der Kaiserthron in Deutschland, der für den jungen Friedrich trotz seiner frühen Wahl zum deutschen König zunächst nicht erreichbar war, wurde unterdessen zum hart umkämpften Streitobjekt zwischen seinem Onkel, Philipp von Schwaben, und dessen welfischem Rivalen Otto von Braunschweig. Auch in Sizilien wurde Friedrich schutzlos zum Spielball verschiedener miteinander im Streit liegender Gruppierungen, was zu einer Verschleuderung des Krongutes führte. Misstrauen, Skrupellosigkeit und irrationale Leidenschaft, die sich als markante Persönlichkeitszüge Friedrichs formierten, dürften in diesen Erfahrungen ihre Wurzeln haben. Ebenso war er aber auch großzügig, liebenswürdig und gerechtigkeitsliebend. Vor allem aber weckte der kulturelle Schmelztiegel Siziliens, in dem sich italienische, griechische, arabische, jüdische und deutsche Einflüsse auf einzigartige Weise miteinander vermischten, jene große Neugierde, die ihn zu ungewöhnlicher Gelehrsamkeit führte.

Nach Abschluss des 14. Lebensjahres 1208 wurde Friedrich in die Volljährigkeit entlassen, heiratete auf Veranlassung des Papstes die Tochter König Alfons' II. von Aragón und war zunächst vollauf damit beschäftigt, die staatlichen Grundlagen seines Königtums in Sizilien, die sich während der lang anhaltenden Vormundschaftsregierung aufgelöst hatten, wieder herzustellen. Dass Friedrich seine Blicke schon bald nach Deutschland richtete, war dem welfischen Gegner des Stauferhauses, Otto IV., zu verdanken. Otto hatte 1209 die Kaiserkrone erlangt und schickte sich nun überraschend an, Süditalien und Sizilien zu erobern und damit auch Friedrich existenziell zu bedrohen. Papst Innozenz, der – auch in eigenen Territorialinteressen verletzt – Otto bannte, vermochte daraufhin deutsche Fürsten zu veranlassen, sich erneut für Friedrich als „zukünftigen Kaiser" auszusprechen. So war Otto gezwungen, seine Abenteuer in Süditalien abzubrechen und nach Deutschland zurückzukehren. Um sich um seine neu belebten Ansprüche in Deutschland kümmern zu können, ordnete Friedrich die Verhältnisse in seiner Heimat, indem er seinen kleinen Sohn Heinrich zum Nachfolger in Sizilien krönen ließ und dem päpstlichen Interesse, von territorialer Umklammerung frei zu bleiben, durch die staatsrechtliche Trennung Siziliens und des Reiches entgegenkam. 1212 begab er sich erstmals nach Deutschland, wo er mit Unterstützung des Papstes und Frankreichs sowie staufischer Parteigänger schnell eine Machtbasis gegen Kaiser Otto aufbauen konnte. Am 5. Dezember 1212 wurde er in Frankfurt noch einmal zum König gewählt. Kriegerische Auseinandersetzungen zwischen Frankreich und England hatten 1214 Auswirkungen auf die Entscheidung des deut-

schen Thronstreites zugunsten Friedrichs; auch das berühmte Laterankonzil von 1215 erklärte Otto, der 1218 politisch isoliert verstarb, für abgesetzt. Friedrich holte schließlich seinen Sohn Heinrich von Sizilien nach Deutschland und ließ ihn hier 1220 zum römischen König wählen. Damit brach er ein noch Papst Innozenz III. (gestorben 1216) gegebenes Versprechen, nach seiner Kaiserkrönung dem Sohn zur Wahrung der Kräfteverhältnisse Sizilien zu überlassen. Gegen das Gelübde für einen neuen Kreuzzug ließ Innozenz' Nachfolger, Papst Honorius III. (1216–1227), Friedrich gewähren.

Er glaubte, so in Deutschland die Nachfolge gesichert zu haben und wandte er sich 1220 wieder nach Süden. Fast sein ganzes weiteres Leben sollte sich dort abspielen, während er Deutschland nur zu zwei kurzen Aufenthalten zwischen 1235 und 1237 wieder betreten sollte. In Rom empfing er am 22. November 1220 die Kaiserkrone. Eine Reihe gegenseitiger Zugeständnisse führten für einige Jahre zu einer Kooperation zwischen Kaiser und Papst.

Daraufhin wandte Friedrich sich wieder nach Sizilien, wo er die während seiner langen Abwesenheit entstandene Anarchie zügig bekämpfte und zielstrebig neue, straff organisierte zentralstaatliche Strukturen von hohem Vorbildcharakter aufbaute. 1225 heiratete er Isabella von Brienne, Tochter Johanns von Brienne, des Königs von Jerusalem. Dadurch wurde sein bereits

1215 am Grab Karls des Großen in Aachen gegebenes, dann aber immer wieder ausgesetztes Versprechen, einen Kreuzzug zu unternehmen, sehr viel dringlicher. 1127 brach er endlich ins Heilige Land auf, musste wegen des Ausbruchs einer verheerenden Seuche, von der er auch selbst befallen wurde, das Unternehmen jedoch abbrechen.

Unterdessen war mit Gregor IX. (1227–1241) – einem Neffen von Innozenz III. – ein neuer Papst gewählt worden, der in den groß angelegten Ambitionen Friedrichs II. eine Gefahr für die Kirche sah und zur Konfrontation mit ihm bereit war. Gregor verübelte dem Kaiser den Abbruch des Kreuzzuges und belegte ihn mit dem Bann. Trotz dieser harten kirchlichen Strafe unternahm Friedrich 1228 einen erneuten Versuch, im Heiligen Land die Ordnung wiederherzustellen. Hier gelang ihm etwas Außerordentliches, als er auf dem Verhandlungsweg Sultan Al-Kamil zur Abtretung Jerusalems zu bewegen vermochte und er sich in der Folge eigenhändig zum König von Jerusalem krönte. Friedrich sah sich nun als Nachfolger König Davids und damit als Angehöriger des gleichen Hauses, dem auch Jesus entstammte. Den kirchlichen Autoritäten aber missfielen seine gerne gepflegten Kontakte zu den Arabern, denen er diesen außerordentlichen Erfolg verdankte, darüber hinaus die heidnisch-antiken Anleihen, die er seiner Herrschervorstellung einverleibte, aber auch sein sonstiger freigeistiger und freizügiger Lebenswandel. Nur mühsam konnte er nach seiner Rückkehr nach Italien 1230 endlich die Aufhebung seiner Exkommunikation erreichen.

1231 trat Friedrich mit der Publikation der Konstitutionen von Melfi auch als bedeutender Gesetzgeber in der Tradition Justinians hervor. Hier lassen sich Züge eines „aufgeklärten Absolutismus" erkennen.

In die erste Hälfte der 1230er-Jahre fiel auch der Konflikt Friedrichs mit seinem Sohn, König Heinrich. Als Vertreter des Kaisers in Deutschland hatte dieser wohl aus Unerfahrenheit insbesondere gegenüber den Fürsten unglücklich agiert und damit politische Interessen seines Vaters verletzt. Die daraus resultierenden Spannungen wuchsen sich zu einer offenen Rebellion Heinrichs aus, sodass Friedrich gezwungen war, sich persönlich nach Deutschland zu begeben. 1235 unterwarf er seinen Sohn, erkannte ihm die Königswürde ab und belegte ihn mit lebenslänglicher Haft, in der er sieben Jahre später umkam. Schon 1237 ließ Friedrich zur Sicherung seiner Nachfolge in Deutschland seinen Sohn Konrad als König wählen, der aber eingedenk seiner Erfahrungen mit Heinrich erst nach seinem Tod gekrönt werden sollte. Der Aufenthalt in Deutschland zeitigte noch weitere Ergebnisse: Friedrich verheiratete sich hier 1235 in vierter Ehe mit Isabella, der Schwester des englischen Königs. Diese Ehe war Grundlage für die nun endlich erreichte Aussöhnung mit den mit den Engländern verbündeten Welfen: Der Enkel

Heinrichs des Löwen, Otto das Kind, wurde mit dem neu geschaffenen Herzogtum Braunschweig-Lüneburg belehnt. Schließlich trat Friedrich auch in Deutschland als Gesetzgeber hervor, indem er ein Landfriedensgesetz verkündete, das nach dem Muster seiner staatlichen Reformen in Sizilien insbesondere die Funktion des königlichen Gerichts neu strukturierte.

Probleme machten Friedrich – wie bereits seinem Großvater Barbarossa – die Städte in Oberitalien. Seine Konzeption einer straffen Staatlichkeit war mit deren Streben nach kommunaler Selbstständigkeit als Grundlage für ihre große wirtschaftliche und kulturelle Blüte nicht vereinbar. Von Deutschland aus unternahm er in den Jahren 1236 und 1237 Reichsexekutionen gegen sie und besiegte sie schließlich mit auftrumpfender Geste. Friedrich stand auf dem Höhepunkt seiner Herrschaft. Doch machte er sich damit den Papst, der als Verbündeter der lombardischen Städte einmal mehr die Umklammerung fürchtete, nun unerbittlich zum Feind; 1239 belegte Gregor IX. ihn daher endgültig mit dem Bann.

Dieser Schritt leitete einen dramatischen Endkampf zwischen Papst und Kaiser ein, der von beiden Seiten mit allen Mitteln, propagandistischen wie auch politischen, militärischen, gewaltsamen, verschwörerischen und diplomatischen, betrieben wurde. Ein unerbittlich harter und wechselvoller Kampf zwischen den beiden Gewalten nahm seinen Lauf, der einen Höhepunkt erreichte, als der ins französische Exil geflohene Nachfolger Gregors, Papst Innozenz IV., 1245 unter dem Vorwurf des Meineids, des Friedensbruchs, der Gotteslästerung und der Ketzerei die Absetzung Friedrichs verkündete. 1246 und 1247 versuchte die päpstliche Partei in Deutschland mit Heinrich Raspe und Wilhelm von Holland zweimal, wenn auch ohne nennenswerten Erfolg, einen Gegenkönig gegen Friedrich zu installieren. Friedrich aber konnte sich in diesem mehr als zehn Jahre dauernden existentiellen Ringen allen Anfeindungen und wechselnden militärischen Konstellationen zum Trotz souverän behaupten. Inmitten dieses Kampfes starb Friedrich am 13. Dezember 1250 im Castel Fiorentino bei Lucera (Apulien). Sein Leichnam fand im Dom von Palermo, wo auch seine Eltern bestattet sind, seine letzte Ruhestätte. Die staufische Herrschaft, die mit Friedrich einen glanzvollen Höhepunkt erreicht hatte, stand damit vor ihrem Zusammenbruch.

König Konrad IV.
(1237–1254)

* Andria, 25.4.1228,
König 1237
† bei Lavello, 1254

Grabstätte: Kathedrale zu Messina

Der nachmalige König Konrad IV. wurde am 25. April 1228 im italienischen Andria als Sohn Kaiser Friedrichs II. und Isabellas II. von Brienne, Königin von Jerusalem, geboren. Die Mutter starb bei der Geburt. Die Erziehung Konrads übernahm ein Ritter aus Neapel. 1235 reiste Konrad mit seinem Vater erstmals ins staufische Nordreich. In der Folge erlebte er mit, wie Friedrich II. die Rebellion Heinrichs VII. niederschlug. Dessen Aufgaben als Statthalter im Reich fielen fortan Konrad IV. zu, der im Februar 1237 auf dem Hoftag in Wien als Neunjähriger auf Betreiben seines Vaters zum römischen König gewählt und im Juli desselben Jahres von der Fürstenversammlung in Speyer bestätigt wurde. Der Versuch, Konrad zwei Jahre zuvor auf dem Mainzer Hoftag 1235 als

König Konradin mit Friedrich von Baden auf der Falkenjagd, Miniatur aus der Großen Heidelberger Liederhandschrift (Codex Manesse), um 1310–1340

König zu wählen, war noch an der Weigerung der Fürsten gescheitert. Bei seinem Aufbruch nach Italien 1236 hatte ihn sein Vater aber bereits zu seinem Stellvertreter in Deutschland bestimmt. Doch auch der Wahlakt des mittlerweile neunjährigen Jungen vom Februar 1237 wurde vom Papst nicht anerkannt, denn er beinhaltete nicht nur den Titel eines römisch-deutschen Königs, sondern auch die künftige Nachfolge als römisch-deutscher Kaiser. Da Konrad zwar zum König gewählt, jedoch zeitlebens nicht gekrönt wurde, führte er den Titel „in romanorum regem electus" („der zum König der Römer Gewählte"). Für den minderjährigen König wählte Kaiser Friedrich II. Erzbischof Siegfried III. von Mainz als Reichsgubernator. Nach der Absetzung Friedrichs II. auf dem Konzil von Lyon am 17. Juni 1245 und nach seinem Tod am 13. Dezember 1250 vermochte Konrad IV. nicht zum König gewählt und damit anerkannt zu werden.

Die letzten Staufer

(1250–1254/68)

Mit dem Tod Kaiser Friedrichs II. 1250 war eine tiefe Zäsur erreicht. Aus drei rechtmäßigen und einer morganatischen Ehe sowie aus mehreren freien Verbindungen hatte er eine beträchtliche Zahl legitimer und illegitimer Nachkommen. War sein Sohn Konrad aus seiner Ehe mit Isabella von Brienne

Trajansbogen von Benevent, 114 n. Chr.
In der Schlacht von Benevent im Jahre 1266 besiegte Karl von Anjou Manfred
von Sizilien

bereits 1237 zum römischen König und damit zum künftigen Nachfolger für das Reich gewählt, so vermochte dieser nach dem Tod des Vaters gleichwohl nicht, die Königskrönung und damit die Erhebung zum Kaiser zu erlangen. Obwohl Konrad sich als tatkräftiger Politiker erwies, der nach Friedrichs Tod nicht ohne militärische Erfolge nach Ita-lien zog, um das väterliche Erbe zu sichern, war es ihm nicht möglich, seine Ansprüche durchzusetzen. Der Papst, der auch ihn mit Exkommunikation belegte, erwies sich weiterhin als unversöhnlicher Gegner der Staufer. Bereits 1254 verstarb Konrad im Feldlager bei Lavello.

In Konkurrenz zu ihm war in Süditalien bereits sein Halbbruder Manfred – ein Sohn Friedrichs aus morganatischer Ehe – auf den Plan getreten. Er konnte sich zunächst in Sizilien etablieren, dessen Königskrone er 1258 annahm, und versuchte von dort aus einen italienischen Gesamtstaat zu begründen. Die Päpste, Urban IV. (1261–1264) und Clemens IV. (1264–1268), bauten jedoch eine Gegenmacht auf und belehnten 1265 Karl von Anjou, Bruder des französischen Königs, mit Sizilien. In der Schlacht von Benevent 1266 besiegte Karl seinen Rivalen, Manfred, der in den Kämpfen fiel. Der Tod Manfreds bedeutete das endgültige Ende der Stauferherrschaft in Italien.

Es folgten noch diverse Nachspiele. Der noch jugendliche Sohn König Konrads, der den gleichen Namen trug, von den Italienen aber Konradin genannt wurde, zog – von den Ghibellinen (den italienischen Parteigängern der Staufer) nach Italien gerufen – von Deutschland aus nach Süden und gelangte bis nach Rom. Kurze Zeit später, am 29. Oktober 1268, ereilte ihn das Schicksal, als er, in der Schlacht von Tagliacozzo von Karl von Anjou besiegt, in Neapel im Alter von sechzehn Jahren enthauptet wurde. Mit ihm starb der letzte legitime Erbe Friedrichs II. Andere Nachkommen aus illegitimen Verbindungen endeten in Gefangenschaft oder wurden ebenfalls hingerichtet. Die Auslöschung des staufischen Hauses war total.

Während sich das französischstämmige Haus Anjou für fast zwei Jahrhunderte in Süditalien und das spanische Haus Aragón seit 1282 in Sizilien etablieren konnte, gerieten die Verhältnisse in Deutschland nach dem Ende der Staufer auf Jahre hinaus in einen Zustand der Unentschiedenheit, in dem schwache auswärtige Könige gegeneinander rivalisierten, bis im Jahre 1273 erstmals die Stunde der Habsburger schlug.

Der Text des vorangegangenen Kapitels ist folgender Publikation entnommen: Andreas Hansert, Könige und Kaiser in Deutschland und Österreich (800–1918), 2. Auflage, Petersberg 2010

DIE STAUFER IM NORDREICH: PFALZEN

In Zeiten mit festen Hauptstädten und Regierungssitzen ist es schwer, das Leben im Mittelalter zu begreifen. Anders als heute zogen die Herrscher der Stauferzeit im Sinne eines „Reisekönigtums" durch ihr Reich, um fortwährend präsent zu sein und Macht und Stärke zu demonstrieren. Dies geschah in einem nahezu andauernden Umherziehen durch Reichsburgen und Königspfalzen. Die Bischöfe, die als Territorialherren wirkten, hatten dcm König gegenüber eine sogenannte Gastungspflicht und mussten ihn und sein Gefolge beherbergen. Die wesentlichen Stützpunkte im Stauferreich aber bildeten die Königspfalzen. Sie existierten in großer Anzahl, oftmals etwa eine Tagesreise – rund 30 Kilometer – voneinander entfernt. Viele von ihnen, etwa im elsässischen Hagenau, sind heute völlig verschwunden. Als Königspfalzen bestanden sie von der Zeit der Merowinger, über die Karolinger bis zu den Staufern. Von ihren Aufgaben her musste die Pfalz „commoditas" – im Sinne von Annehmlichkeit bzw. günstigen Bedingungen für den Herrscher und dessen Gefolgschaft – bieten. Von ihrer Lage her waren Pfalzen oftmals einer Stadt oder einem Markt angegliedert, die durch ihre Abgaben die finanzielle Kraft der Pfalz steigerten und die Verteidigungsfähigkeit sichern halfen. Die zugehörigen Gutshöfe mit ihren in Scheunen und Ställen vorhandenen Naturaleinkünften dienten der Beköstigung der mehrere hundert Personen umfassenden Hofgesellschaft, angrenzende Reichswälder dem jagdlichen Vergnügen. Als oberster Lehnsherr herrschte der König oder Kaiser hier über seine Vasallen. Das Lehnswesen erreichte unter Friedrich I. Barbarossa seinen Höhepunkt. In der Pfalz wurden Bittsteller empfangen, Gefolgsmänner versammelt und bisweilen auch Hoftage abgehalten. Außerdem diente die Pfalz dem Herrscher zur Urkundenausstellung, zu Beratungen, aber auch zur Rechtsprechung. Die Vasallen unterlagen der Hoffahrtspflicht und mussten sich auf Verlangen des Lehnsherrn zu diesem begeben und ihn beraten. Besondere Hofämter wie der Kämmerer als Finanzminister oder der Marschall als Verwalter der königlichen Pferdestallungen unterstützten das System maßgeblich. Natürlich dienten die Pfalzen auch als Orte höfischer Feste, wofür Truchsess und Mundschenk als Verantwortliche für Speisen und Getränke unentbehrlich waren. Oftmals werden Reichsburg und Pfalz synonym verwendet, etwa im Falle der

Reichsburg Nürnberg, die 1183 und 1207 als „palacium" bezeichnet wurde. Über das Bauschema der Burg mit Turm, Ringmauer und Tor, zwei- oder dreigeschossigem Palas mit Saal und Königswohnung, Kemenate der Frauen, Küche, Stallungen und Scheunen sowie teils doppelgeschossiger Kapelle (Beispiel Eger, Nürnberg oder Freyburg) verfügten auch die Pfalzen. Idealerweise konnten die Funktionen auch in einem Wohnturm oder Donjon zusammengefasst sein. Vor allem im deutschen Burgenbau finden sich Burg und Pfalz oftmals nebeneinander. Wichtige Bestandteile der Pfalz sind zudem Forst, Tiergarten und Stadt, die sich idealerweise wieder in Nürnberg mit Burg, Tiergarten und Reichwald wiederfinden.

Einen Höhepunkt erlebte der Pfalzenbau nach den Karolingern unter den Staufern, die ihn zu nie dagewesener Blüte trieben. Als federführend gelten sowohl Kaiser Friedrich I. Barbarossa als auch Kaiser Friedrich II., die ihn als Beitrag einer aktiven Territorialpolitik nutzten, und zwar sowohl in Deutschland als auch in Italien. Neben dem Ausbau des Reichs- und Hausgutes ließen sich mit dem Aus- und Neubau von Pfalzen machtpolitische Ziele verbinden, um Herrschaft gegen drohende Feinde und Übergriffe von außen zu sichern und zu verteidigen. Während die friederizianischen Kastelle Friedrichs II. in Italien und Sizilien in einem eigenen Kapitel vorgestellt werden, gilt es im Folgenden die Anlagen im Heiligen Römischen

Reich Deutscher Nation in den Blick zu nehmen. Dabei fällt neben der Bezeichnung Königspfalz häufig der der Kaiserpfalz, als einer Bezeichnung des 19. Jahrhunderts. Zweifellos stehen einige der Anlagen wie Kaiserswerth oder Kaiserslautern dafür, doch waren die staufischen Herrscher vor ihrer jeweiligen Kaiserkrönung vor allem gewählte römische Könige. Die Zeit der Staufer markiert auch einen historischen Wendepunkt hin zur sich allmählich ausbildenden Landesherrschaft. Dafür stehen die an den reichsherrlichen Pfalzen orientierten Herzogspfalzen des Welfen Heinrichs des Löwen (Beispiel Burg Dankwarderode in Braunschweig) oder Adelsburgen der Thüringer Landgrafen (Beispiel Wartburg). Zum Prototyp der staufischen Königspfalzen sollte jedoch die unter Friedrich I. entstandene Pfalz von Gelnhausen werden.

Nimwegen, Valkhof

Nimwegen als neben Aachen und Ingelheim bedeutendste Pfalz der Karolinger wurde nach ihrer Zerstörung 1047 durch Herzog Gottfried von Niederlothringen unter den Staufern wiederaufgebaut. König Konrad III. weilte 1145 und 1151 hier. Doch erst sein Nachfolger Friedrich I. Barbarossa ließ den sogenannten Valkhof nach Aussage der bis 1160 entstandenen „Gesta Friderici" 1160 sowie einer zeitgenössischen Bauinschrift, die ursprünglich in der Valkhofkapelle eingemauert war, wiederherstellen. Dort heißt es:

„Im Jahre 1155 […] hat der Kaiser des Erdkreises Friedrich, der Freund des Friedens, dieses Werk zu Nimwegen, das zusammengefallen, zerbrochen und alt, fast ausgelöscht war, gleich kunstvoll und herrlich wiederhergestellt. Julius [Caesar] hat es einst begonnen, ungleich war er dem friedfertigen Erneuerer Friedrich" (Übersetzung). Der Erneuerer und Vollender des römischen Kaisertums – so Friedrichs Selbstverständnis – ließ 1155 die Pfalzanlage wiedererrichten. Hiervon ist heute noch ein kleiner Teil mit zwei Kapellen (Nikolaus- und Martinskapelle) erhalten. Die Nikolaus- oder Valkhofkapelle ist eines der ältesten Gebäude der Niederlande und zugleich der älteste erhaltene Teil der Nimwegener Pfalz. Sie wurde vermutlich um 1030 von Kaiser Konrad II. in Auftrag gegeben. Der achteckige salische Zentralraum, der von einem sechzehneckigen Umgang umschlossen wird, lässt das Vorbild der Aachener Pfalzkapelle erkennen. Auf dem Gelände der Kaiserpfalz finden sich zudem noch die Reste der ehemaligen Martinskapelle aus dem 12. Jahrhundert, die östlich an den Palas anschloss. Sie wird im Volksmund als Barbarossaruine bezeichnet. Erhalten ist hier nur die Chorapsis der einstigen Doppelkapelle. Dort deutet die Verwendung römischer Säulen und karolingischer Kapitelle am Chorbogen darauf, dass die Stauferherrscher bewusst auf das römische und karolingische Kaisertum Bezug nahmen. Friedrich I. Barbarossa hielt

Nimwegen, Nikolauskapelle

sich in den Jahren 1157, 1165, 1167 und 1174 in der Pfalz Nimwegen auf, im November 1165 wurde hier sein Sohn, der spätere Heinrich VI., geboren. Auf Kaiser Friedrich I. geht

Nimwegen, Martinskapelle

1184 auch die Anlage der Marktsiedlung westlich der Pfalz zurück. 1190 betraute Friedrich I. seinen Sohn Heinrich mit der Aufsicht über die im Gang befindlichen Bauarbeiten in der Pfalzanlage. Otto IV. war 1213 der letzte Kaiser, der sich in Nimwegen aufhielt. 1247 wurde die Pfalz Nimwegen verpfändet und gelangte später in den Besitz der heimischen Bürgerschaft.

Kaiserswerth, Pfalz

Bei den politischen Machtkämpfen zwischen den niederrheinischen Adligen und den Staufern gelang es Friedrich I. Barbarossa Kaiserswerth als Reichsgut zu sichern. Die Pfalz Kaiserswerth, im heute gleichnamigen Düsseldorfer Stadtteil gelegen, geht in ihrem Kern auf eine Klostergründung des Mönchs Suitbertus zurück und wird auf das Jahr 695 datiert.

Damals schenkten der fränkische Hausmeier Pippin der Mittlere und dessen Frau Plektrudis den inmitten des Rheins auf einer Insel gelegenen fränkischen Fronhof dem angelsächsischen Missionar. Die geschützte Lage inmitten des Flusses, aber auch das Zusammentreffen zweier wichtiger Handelsstraßen von Neuss nach Xanten bzw. der sogenannte Hellweg ließen Kaiserswerth zu einem wichtigen, verkehrsgünstigen Standort werden. 1045 kam das St. Peterskloster neben Duisburg als Reichsgut an das Reich und wurde unter Heinrich III. als Pfalz ausgebaut. Sein sechsjähriger Sohn Heinrich IV., dessen Mutter Agnes von Poitou die Regierungsgeschäfte ausführte, wurde während eines Besuchs von Kaiserswerth durch den Kölner Erzbischof Anno II. entführt (sogenannter Staatsstreich von Kaiserswerth), bei dem der Kleriker Heinrich

Kaiserswerth, Grundriss der Pfalzruine mit den Ausgrabungsbefunden von 1899/1900 von G. Erkens

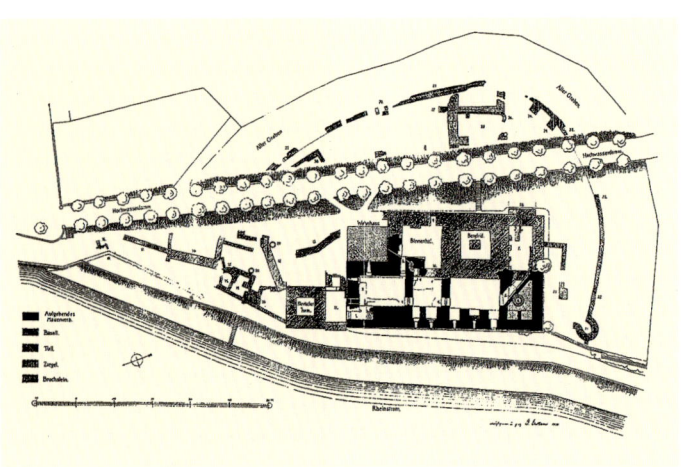

Kaiserswerth, Palasruine von Südosten

unter seinen Einfluss zu bringen suchte. Einzig 1101 besuchte Heinrich III. die Pfalz zur Fürstenversammlung, ehe sie für rund einhundert Jahre in gewisser Bedeutungslosigkeit versank. Allerdings lag hier wohl die Verwaltung des Reichsforstes für Rhein und Ruhr. Durch Friedrich I. erlangte Kaiserswerth neue Aufmerksamkeit, und zwar aufgrund der Verlegung des Rheinzolls um 1174 von der niederländischen Stadt Thiel nach Kaiserswerth. Damals begannen auch die Planungen einer neuen Pfalzanlage, die um 1184 in Teilen vollendet gewesen zu sein scheint. Eine erhaltene Bauinschrift aus diesem Jahr gibt kund: „Im Jahre der Menschwerdung unseres Herrn Jesus Christus 1184 hat Kaiser Friedrich das Reich mit dieser Zierde vermehrt, gewillt, die Gerechtigkeit zu festigen, und daß überall Friede herrsche" (Übersetzung). Auf die Arbeiten weist zudem eine zweite Inschrift desselben Jahres: „Im

Jahre der Menschwerdung des Herrn 1184 hat Kaiser Friedrich, Hüter des Rechtes und weiser Rächer der Übeltat, diesen Saal als weiteren Schmuck erbaut" (Übersetzung). Allerdings betraute Friedrich 1189 seinen Sohn Heinrich in einem Brief während des Dritten Kreuzzuges mit der Aufsicht über die Fertigstellung der Pfalzen von Nimwegen und Kaiserswerth. Die genaue Vollendung nimmt man für 1193 an. Barbarossas Pfalz bestand nach mehreren Zeichnungen des 16. Jahrhunderts aus einem 51 mal 30 Meter großen, viergeschossigen Palas mit dem nach Norden hin anschließenden Klevischen Turm. Hier lag auch der Haupteingang. Mit etwa 80 Metern beherrschten die ungeheuren Baumassen die Rheinfront, die noch von einem 17 mal 17 Meter breiten und 55 Meter hohem Bergfried überragt wurden. Seine Mauern wiesen eine Stärke von 4,5 Metern auf und stellten schon zur Bauzeit ein Bauwerk

Matthäus Merian d. Ä.: Kaiserswerth (Keyserswerdt) von der Rheinseite, Kupferstich, 1646

dar, das die sonst üblichen Dimensionen sprengte. Kaiserswerth glich daher eher einem Bollwerk denn einer Kaiserpfalz. Nach dem Verfall der kaiserlichen Macht war Kaiserswerth samt Pfalzanlage seit 1273 ununterbrochen Pfandobjekt. Die Anlage wurde im Spanischen Erbfolgekrieg 1702 geschleift und 1711 gesprengt.

Ingelheim, Pfalz

Zu den von König bzw. Kaiser Friedrich I. Barbarossa wiederhergestellten Pfalzen gehört die 774 erstmals erwähnte karolingische Pfalz von Ingelheim. Sie diente den Königen und Kaisern bis ins 14. Jahrhundert hinein als Aufenthalts- und Regierungsort und geht auf eine römische Villa suburbana zurück. Bedeutsam war die Kaiserpfalz von Ingelheim eher unter den Ottonen und Saliern. Die Stauferherrscher sind hingegen nur viermal in Ingelheim nachweis-

bar, wobei sich mit keinem der Aufenthalte eine besondere politische oder administrative Bedeutung verbinden lässt. Stattdessen suchten die Herrscher in der spätstaufischen Zeit bevorzugt benachbarte Königsorte entlang des Rheins wie Oppenheim, Boppard und Oberwesel auf. Die früheste Verbindung Ingelheims zu den Staufern findet sich bei Kaiser Friedrich I. Barbarossa, der vor 1160 die offenbar vernachlässigte Pfalz wiederherstellen und mit einem Mauerring umgeben ließ. Wie später Friedrich II. gehörte Friedrich I. Barbarossa zu den überragenden Gestalten im staufischen Pfalzenbau. Dieses Recht überall Pfalzen zu errichten, wo er es wünschte, ließ sich Friedrich I. 1158 auf dem Reichstag von Roncaglia verbriefen. Eine wichtige Quelle, die den frühen Pfalzenbau überlieferte, findet sich in den 1160 vollendeten „Gesta Friderici Ottonis Episcopi Frisingensis et

*Ingelheim,
Königshalle
mit Apsis
von Süden*

Rahewini" des Bischofs Otto von Freising und seines Kapellans Rahewin. Hierin betonte Rahewin, dass Friedrich I. trotz seiner großen politischen Leistungen auch zahlreiche Werke begonnen habe, die zur Zierde und Annehmlichkeit des Königtums dienen sollten. Dabei verwies Rahewin neben dem Neubau der Pfalz von Kaiserslautern auch auf die von Kaiser Karl dem Großen errichteten Königshallen in Nimwegen und In-

Korinthisches Kapitell, 1. Jahrhundert n. Chr., stark beschädigt, Höhe 56 cm, oberer Durchmesser 61 cm, Museum bei der Kaiserpfalz, Ingelheim

Korinthisches Kapitell, möglicherweise römisch, 1.–3. Jahrhundert n. Chr., Museum bei der Kaiserpfalz, Ingelheim

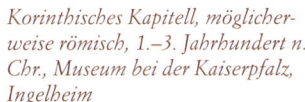

Korinthisches Kapitell, möglicherweise römisch, 1.–3. Jahrhundert n. Chr., in karolingischer Zeit (um 800) überarbeitet, Höhe 23 cm, oberer Durchmesser 51 cm, Museum bei der Kaiserpfalz, Ingelheim

de durch die Kanoniker. 1375 verpfändet Kaiser Karl IV. das gesamte Reichsterritorium von Ingelheim an die Kurpfalz.

Gelnhausen, Pfalz

Als Kaiser Friedrich am 25. Juli 1170 die Stadt Gelnhausen gründete, war die Burg und nachmalige Pfalz bereits vorhanden. Ihre Geschichte ist eng mit Friedrich I. Barbarossa verbunden und die Pfalz selbst gehört zu den bekanntesten Kaiserpfalzen der Stauferzeit. Ihre Anlage unterstrich die Bedeutung der Stadt Gelnhausen für die staufische Politik, die hier vor Ort die Ansprüche des Reiches in einer für sie wichtigen Landschaft wahren wollte. Dieses beträchtliche Territorium, dass die Staufer als Reichsgut innehatten, erstreckte sich über die Wetterau, das Kinzigtal und die westlichen Ausläufern des Vogelsberges und wurde teils von Adligen wie den Herren von Büdingen oder Ministerialen wie den Herren von Münzenberg verwaltet. Und auch das Jagdgebiet des wildreichen Büdinger Königsforstes spielte für die Auswahl des Standortes eine nicht unwesentliche Rolle. Hier wie andernorts bot sich zur Anlage der Pfalz die gute verkehrsgeografische Lage entlang der alten Fernhandelsstraße von Frankfurt über Fulda und Erfurt nach Leipzig an. Hier bildete Gelnhausen für den Warenumschlag eine wichtige Station, da hier die Güter vom Landweg auf die bis hierhin schiffbare Kinzig in Richtung Main umge-

gelheim. Hier habe der Kaiser die „sehr morsch geworden[n] Bauwerke, aufs herrlichste wiederhergestellt". Der einzige nachweisbare Aufenthalt des Stauferkaisers ereignete sich 1163 im Zusammenhang mit einer Begegnung Hildegard von Bingens in Ingelheim. Die Anlage selbst misst 145 mal 110 Meter und stellt in ihrer axialsymmetrischen Gesamtanlage etwas Einmaliges dar. Sowohl das Querrechteck als auch der halbkreisförmige Abschluss sind bis heute im Ingelheimer Stadtbild ablesbar geblieben. Die 997 erstmals erwähnte St. Peter geweihte Saalkirche wurde 1160 unter Friedrich I. erneuert. Der 1689 von den Franzosen zerstörte und Anfang des 18. Jahrhunderts wiedererrichtete Bau wurde 1890 restauriert und 1963/64 in alter Größe wiedererrichtet. Mit Karl IV. hielt sich 1354 letztmals ein Herrscher in Ingelheim auf. Die hier beurkundete Gründung eines Augustiner-Chorherrenstifts „in aula nostra imperiali" bezeugt die Übernahme der Pfalzgebäu-

laden werden konnten. Inmitten dieses Flusses erhob sich auch die alte, auf etwa 12 000 Pfählen gegründete Wasserburg. Sie befand sich seit 1157/58 im Besitz des Erzbischofs von Mainz, der mit dem Erwerb den „Tyrannen und Verfolgern der Ehre Gottes" entgegentreten wollte und fiel erst bis 1183 in zwei Teilen an das Reich. Dendrochronologischen Untersuchungen zufolge entstand die Torhalle der Gelnhausener Pfalz 1169/70, also zu der Zeit, als Friedrich I. 1170 in Gelnhausen urkundete (Stadtgründung). Die frühe Entstehung entspräche, so der Historiker Rainer Zuch, „der staufischen Politik der Städteförderung und des Pfalzenbaues in Stadtnähe, um Vorteile aus deren Wirtschaftskraft und Infrastruktur zu ziehen" (Zuch: Pfalzen). Vermutlich fand der Hoftag von 1180 bereits in der neuen Pfalz statt. Hier wurde Friedrichs rebellischem Vetter Heinrich dem Löwen in dessen Abwesenheit der Prozess gemacht und seine Länder neu aufgeteilt.

Gelnhausen, Pfalz, Fassade des Palas

Auch in den Folgejahren fanden in Gelnhausen Hoftage statt. Dabei scheint teils die Bedeutung von Frankfurt übertroffen worden zu sein, denn Friedrich I. war zwischen 1170 und 1188 achtmal, Heinrich VI. zwischen 1190 und 1196 fünfmal, Friedrich II. zwischen 1214 und 1219 sechsmal und schließlich Heinrich VII. zwischen 1224 und 1234 achtmal in Gelnhausen. Die Anlage der Pfalz gliederte sich in Kern- und Vorburg sowie Wiesen, auf denen bei Hoftagen Zelte aufgestellt werden konnten. Wenn man bedenkt,

Gelnhausen, v. l. n. r.: Bergfried, Torbau mit Kapelle, Palas

Gelnhausen, Kamin im Erdgeschoss des Palas

Gelnhausen, Eingangsbereich mit Torturm

haben ihre Vorbilder in den Kirchen von St. Fides in Schlettstadt sowie in den Ostteilen des Straßburger Münsters. Während des Dreißigjährigen Krieges wurden Stadt und Pfalz stark zerstört. Kaiserliche und schwedische Truppen brannten das Hauptgebäude der Pfalz nieder, die man in der Folgezeit teils als Steinbruch nutzte. 1856 riss man die Kapelle über dem Torbau infolge von Baufälligkeit teilweise ein.

Frankfurt, Saalhof

Der Saalhof, Frankfurts einstige Königspfalz zwischen Dom und Römerberg, ist seit 1954 Teil des Historischen Museums der Stadt Frankfurt. Das Gebäude am Mainufer diente nur kurze Zeit als Königsburg, gelangte 1333 in bürgerlichen Besitz, galt aber noch bis zum späten 17. Jahrhundert als Reichslehen. Von der vermutlich im Auftrag König Konrads III. errichteten Reichsburg, die die bedeutende karolingische Pfalz auf dem Domhügel ablöste, haben sich trotz verheerender Zerstörungen im Zweiten Weltkrieg noch Teile der romanischen Saalhofkapelle, des Palas und des Bergfrieds erhalten. Dennoch ist die Anlage im Vergleich zur einstigen, 822 von Ludwig dem Frommen angelegten karolingischen Pfalz derart klein. So wird ihre Funktion als eigenständige staufische Pfalzanlage von der Forschung eher angezweifelt und der Saalhof als Teil einer größeren Pfalzanlage verstanden. So maß die Kapelle 5,2 mal 5,04 Meter, der

dass allein 1180 35 der Großen des Reiches in Gelnhausen samt Angehörigen und Gefolge zusammenkamen, darf man eine Gesamtzahl von mehreren Tausend Teilnehmern vermuten. Von den erhaltenen Bauteilen erinnert die Torhalle an Vorbilder im Elsass (Maursmünster-Marmoutier), wo sich ähnliche Kapitellformen wiederfinden, während die innere Gestalt provenzalische Vorbilder wie Le Thor erkennen lässt. Die Grundform fast aller Kapitelle der Pfalz lässt sich sogar noch weiterverfolgen, denn sie

Saal 7,8 mal 7,97 Meter an Fläche, so dass man den Saalhof selbst eher als eigentlichen Wohnort der Staufer ansehen muss. Zum Vergleich dienen die Kapellenmaße von Eger (15,9 x 10,7 m), Gelnhausen (15,4 x 11,5 m), Wimpfen (19,8 x 9,3 m) und Nürnberg (20,2 x 12,2 m). So vermutet Fritz Arens (Der Saalhof zu Frankfurt) in der heutigen Nikolaikirche am Römerberg den Nachfolgebau der eigentlichen großen Pfalzkapelle und den eigentlichen staufischen Palas zwischen besagter Nikolaikirche und dem Saalhofgebäude. Zu dieser Pfalz gehörte auch der dem Römerberg zugewandte Bergfried, der mit 21,75 Metern Umfang und 6,20 Meter dicken Mauern über beachtliche Ausmaße verfügte. 1943 kamen die Fundamente dieses einstigen runden Wehrbaus infolge der Kriegszerstörungen der Altstadt zum Vorschein. Seine Höhe wird auf rund 40 bis 45 Meter geschätzt. Gemäß einer Theorie soll er den Eckpunkt einer bislang nicht näher untersuchten staufischen Pfalzanlage bilden. Dendrochronologischen Untersuchungen zufolge datiert der erhaltene Kapellenbau des Saalhofs ins Jahr 1208, als Kaiser Otto IV. einen Hoftag nach Frankfurt einberufen hatte, bei dem der Mörder des Königs Philipps von Schwaben verurteilt wurde. Im erhaltenen Gebäudekomplex wird eine sogenannte „Aula regia" vermutet.

Der Gründer der neuen staufischen Kaiserpfalz – Konrad III. – hielt sich zwischen 1140 und 1152 achtmal in Frankfurt auf.

Sein Neffe, der Vollender des Bauwerkes – Friedrich Barbarossa – wurde 1152 hier zum König gewählt und hielt sich bis 1174 elfmal in Frankfurt auf, unter anderem, um hier fünf Hoftage abzuhalten. Sein Vorzug galt später indes dem nahen Gelnhausen. Auch die übrigen Staufer nutzten Frankfurt für Hoftage und als beliebten Aufenthalt. Heinrich VI. urkundete hier sechsmal. 1220 hielt sich Heinrich VII. anlässlich seiner Königswahl hier auf und besuchte Frankfurt bis 1234 13 Mal. Bedeutendster Baukörper des Saalhofes ist die kaiserliche Kapelle. Sie wurde östlich an den 1842 teilweise abgebrochenen, quadratischen Turm des Saalhofes als eigenständiger Baukörper angelehnt. Der zwei-

Frankfurt, Saalhof/Kaiserpfalz, Kapelle

Frankfurt, Saalhof (Historisches Museum Frankfurt) mit Rentturm, 1455–56, Bernusbau, 1715–17 und Burnitzbau, 1842–43

geschossige Bau in Gestalt eines Schiffs mit halbrunder Apsis ruht auf einem Buckelquadersockel. Acht durch Blend-, Schild- und Gurtbögen miteinander verbundene Säulen entlang der Wände gliedern den Raum, wobei sämtliche Kapitelle Blatt- und Stengelformen in einfacher Ausführung aufweisen und in drei Fällen identisch sind. Die Gestalt zweier sogenannter Bandknotenkapitelle findet sich auf Burg Münzenberg wieder, wo es neunmal auftritt und als „Münzenberger Kapitell" bekannt wurde. Ihren Ursprung haben die besagten Kapitelle jedoch in Lothringen und gelangten über den Oberrhein an den Main und nach Hessen. Zwei Blendnischen an den Längswänden tauchen später an der etwa gleich großen Kapelle des Trifels wieder auf.

Seligenstadt, Palatium

Keine klassische Pfalz, sondern eher einen Palast – ein Palatium – ließ Friedrich II. in Seligenstadt errichten. Von dem am Mainufer gelegenen, auch Rotes Schloss bezeichneten Bau steht heute noch die mainseitige Front mit Doppel- und Dreifacharkaden samt Über-

Seligenstadt, Palatium, Mainfront

fangbögen aus rotem Sandstein. Seligenstadt geht auf ein um 100 n. Chr. vermutlich unter Kaiser Trajan entstandenes römisches Kohortenkastell zurück, aus dem die frühmittelalterliche Siedlung Mulinheim superior hervorging. Diese schenkte Ludwig der Fromme 815 gemeinsam mit dem Ort Mühlheim seinem Gefolgsmann Einhard, der hier um 830 ein Benediktinerkloster zur Verehrung der Reliquien der Heiligen Marcellinus und Petrus gründete. Die Entstehungszeit für das Palatium, dessen Schauseite zum Main ursprünglich zwei Altane betonten, war lange Zeit umstritten. Man vermutet heute die Zeit um 1180/90 und zwar nicht zuletzt für den Hoftag von 1188, bei dem neben Friedrich Barbarossa auch dessen Söhne Heinrich und Konrad anwesend waren. Das 47 mal 14 Meter umfassende dreigeschossige Gebäude diente

als Wohnbau und Jagdschloss. Allerdings war nicht das Palatium Schauplatz des Hoftages, sondern das zeitgleich errichtete Romanische Haus unweit des heutigen Marktplatzes. Wie die übrigen Pfalzen war auch das Palatium von Seligenstadt am Main als einem der wichtigsten Verkehrswege des Mittelalters günstig gelegen. Hinzu kam die Fernstraße von Frankfurt nach Nürnberg, die durch Seligenstadt verlief. Bereits 1175 wurden die Seligenstädter als „cives" (Bürger) bezeichnet, was auf den Rang als städtischer Siedlungsplatz hinweist. Die Stadt erklärten die Staufer zu ihrem Besitz, was Streitigkeiten mit dem Mainzer Erzbischof hervorrief und dazu führte, dass Friedrich II. 1237 in einer Lehnsbestätigung gegenüber dem Mainzer Erzbischof erklären musste, dass „die Stadt nicht dem Reich gehört, sondern wir besitzen diese Stadt nach Erbrecht lehens-

Seligenstadt, Palatium, Fensterarkaden

weise von der Mainzer Kirche wie unser Großvater und Vater" (Reg. Imp. V 2273). Den Ort drückte eine recht hohe Steuerlast, die mit der von Wetzlar und Schwäbisch Hall vergleichbar war. Wohl gemäß dieser lehnsrechtlichen Stellung scheint es nachvollziehbar, dass das Palatium zu keiner Seite befestigt war. Zwar stellte es zu jeder Zeit eine Demonstration der staufischen Königsmacht dar und machte den Bau zum frühesten Schlossbau nördlich der Alpen, doch hätte der Mainzer Erzbischof auch schwerlich eine kaiserliche Pfalz in seinem unmittelbaren Umfeld zugelassen.

Der Baukörper der Barbarossazeit zeigt mit Blick auf die Fenster Ähnlichkeiten zum Romanischen Haus, wobei die aufwändig gestalteten Säulen der nördlichen Fenstergruppe an den um 1170 entstandenen Palas von Gelnhausen erinnern. Unter Friedrich II. erfolgten verschiedene Umbauten, wobei etwa die Obergeschosszugänge ihr heutiges Aussehen erhielten.

von Freising begonnenen „Gesta Friderici" als vollendet. Demnach hat es sich um einen Neubau gehandelt, der an der Stelle eines fränkischen Königshofs bzw. einer salischen Anlage des 8. bis 11. Jahrhunderts entstanden war und von Barbarossa als sein „domum regalem" (Heim des Königs) bezeichnet wurde. Als Baumaterial diente roter Sandstein. Über den Bau und den roten Sandstein als Baumaterial berichtete Rahewin ausführlich, auch von dem großen Aufwand, der zum Bau des königlichen Heims nötig gewesen sei. „Auf der einen Seite begrenzte er [Barbarossa] sie [die Pfalz] mit einer gewaltigen Mauer, während sich auf der anderen ein Fischweiher wie ein See herumzog, dessen Reichtum an Fischen und Wasservögeln für Augen und Gaumen ein Genuss war. Auch besitzt die Pfalz unmittelbar anstoßend einen Tiergarten mit allerlei Hirschen und Rehen. Die königliche Pracht dieser Dinge entzückt je-

Kaiserslautern, Mauerzug der ehemaligen Barbarossaburg, im Hintergrund das neue Rathaus

Kaiserslautern, Pfalz

Als nachweislich früheste Kaiserpfalz und zugleich frühester Profanbau Friedrichs I. Barbarossas entstand zwischen 1152 und 1158 auf einem an zwei Seiten von der Lauter umflossenen Felsen die heute nach ihm benannte „Barbarossaburg" in Kaiserslautern. 1160 beschrieb sie der Mönch Rahewin in den von seinem Lehrer Bischof Otto

Kaiserslautern, Mauerreste der ehemaligen Barbarossaburg mit dem sogenannten Casimirsaal im Hintergrund

den Besucher." 1158 weilte Barbarossa erstmals in seiner neuen Pfalz im Quellgebiet der Lauter, übrigens kurz vor dem Aufbruch zu seinem zweiten Italienzug. Wenigstens fünf weitere Aufenthalte sind belegt, darunter der von 1184. Im Jahr 1162 setzte Friedrich I. Barbarossa Gotfried von Lutra, den nachmaligen Stammvater der Ritter von Hockenecken, als Verwalter seiner Pfalz ein. Doch erst zehn Jahre später (1172) erfolgte die erste urkundliche Erwähnung. Sie nennt eine Burg des kaiserlichen Herrn bei Lautern (Originalzitat: „apud Luthram castrum domini Imperatoris"). Interessant ist die Bezeichnung des Baues als „castrum" (Burg), nicht als „palatium"(Pfalz/Palast). Rainer Zuch (Pfalzen deutscher Kaiser) sieht darin „ein Zeichen dafür, wie stark unter den Staufern die Grenzen zwischen Pfalz und Reichsburg verschwimmen." In den folgenden Jahren wurde die Burg regelmä-

ßig von den staufischen Herrschern besucht. Barbarossas Sohn Heinrich VI. hielt sich mindestens zweimal und Friedrich II. zwischen 1214 und 1217

Kaiserslautern, Barbarossaburg, Ansicht von Südwesten

Kaiserslautern, Barbarossaburg, Bergfried

Kaiserslautern, Barbarossaburg, gotisches Portal

lich gesprengt wurde. Erst in den 1990er Jahren wurden die Reste der in den 1930er und 1960er Jahren teilweise ergrabenen Anlage für die Stadtgeschichte Kaiserslauterns wiederentdeckt. Im Keller und Erdgeschoss des Casimirbaues als Teil der einstigen staufischen Pfalz befindet sich heute ein Burgmuseum. Auf einem Teil der Pfalz befindet sich heute der Rathausbau der 1960er Jahre.

Bad Wimpfen, Pfalz

Die größte Stauferpfalz auf deutschem Boden findet man nur wenige Kilometer nördlich von Heilbronn in Bad Wimpfen. Sie erstreckte sich oberhalb des Neckars auf dem östlichen Teil des Eulenbergs und wies auf nahezu trapezförmigem Grund eine Fläche von etwa 215 mal 87 Metern auf. Eine 560 Meter lange, zwischen 1,20 Meter und 1,70 Meter starke und wenigstens fünf Meter hohe Ringmauer umgab das weitläufige Areal, dessen Nordseite rund 50 Meter steil zum Neckar abfällt, während auf der Südseite ein natürlicher Graben eine gute Barriere nach außen bildete. Rund zwei Drittel der aus heimischem Blaustein ausgeführten Bruchsteinmauer sind bis heute erhalten und liefern ein noch immer eindrucksvolles Bild. Die Pfalz entstand wohl nicht zuletzt dank ihrer verkehrsgünstigen Lage an mehreren wichtigen Fernstraßen, darunter jener Ost-West-Fernhandelsstraße, die den Donauraum über Worms und Kaiserslautern mit Frankreich verband. Gegen Mit-

mindestens dreimal in Kaiserslautern auf. Dessen Sohn Heinrich (VII.) hielt hier 1234 einen Hoftag ab. Ein glanzvolles Ereignis bot die Hochzeit des staufischen Gegenkönigs Richard von Cornwall mit Beatrix von Falkenburg 1269 in der Pfalzkapelle St. Nikolaus. Hierüber bemerkte der königliche Historiograph, dass der Bau keinen Vergleich mit denen anderer Königreiche zu scheuen brauche. Die Kapelle war ähnlich denen von Nürnberg, Eger und Freyburg gestaltet und erhob sich neben dem mehrgeschossigen Palas. Die Pfalz maß etwa 28 mal 19 Meter. Über einem Teil ließ Pfalzgraf Johann Casimir ab 1570 sein Renaissanceschloss errichten, das im Dreißigjährigen Krieg bzw. im Pfälzischen und Spanischen Erbfolgekrieg 1689 und 1703 zerstört und schließ-

te des 12. Jahrhunderts war der mittlere und untere Neckarraum vor allem durch den Stiefbruder Friedrich Barbarossas – Pfalzgraf Konrad von Staufen – unter den Einfluss der Staufer gekommen. Konrad versah seit 1160/70 das Amt des Vogts des Wormser Hochstifts, dem schon seit dem 9. Jahrhundert weite Teile des Wimpfener Umlandes gehörten und das hier eines von vier Archidiakonaten unterhielt. Die Entstehung der Wimpfener Pfalz wird in der Zeit zwischen 1170 und 1220 vermutet. Belegt ist, dass sich Friedrich Barbarossa 1182 hier aufhielt, wobei man annimmt, dass er in dem 965 erstmals erwähnten Stift von St. Peter oder im Hof des Wormser Bischofs weilte. Die eigentliche Pfalz ist vermutlich später entstanden, denn auch die drei Aufenthalte Kaiser Heinrichs VI. 1190, 1192 und 1194 bedingten nicht das Vorhandensein einer Königspfalz, zumal die Staufer in Wimpfen nicht mit Hausgütern ausgestattet waren. Infolge stär-

Bad Wimpfen, Palas, Fensterarkaden

kerer Konflikte mit dem Wormser Bischof um die Vorherrschaft am Neckar und um Wimpfen verzichtete König Friedrich II. 1212 auf alle Güter, die seine Vorfahren vom Bistum innehatten, darunter auch auf Wimpfen. Dennoch häuften sich ab 1218 die Aufenthalte Friedrichs II. und Heinrichs, der zwischen 1218 und 1235 14 Mal in Wimpfen Hof hielt, so dass der Ort als ein Zentrum des Reiches größte Bedeutung erhielt. 1218 urkundete Friedrich II. in Wimpfen, 1220 sind dort Reichsministerialen nachweisbar. Of-

Bad Wimpfen,
Pfalzkapelle

Bad Wimpfen, Steinhaus

Bad Wimpfen, Roter Turm

Bad Wimpfen, Blauer Turm

fiziell gelangte Wimpfen allerdings erst 1227 an Heinrich
und zwar als Pfandlehen des
Wormser Bischofs. Damit waren die Zwistigkeiten jedoch
nicht beendet, was am sinnfäl-
ligsten durch das vor 1250 entstandene Stadtsiegel der neuen
Reichsstadt zum Ausdruck
kam. Dort trägt der Reichsadler
den Petrusschlüssel als das vom
Wormser Dompatron abgelei-
tete Wappenzeichen des Hoch-
stiftes in seinem Schnabel – gekrönt von der umlaufenden Inschrift: „REGIA WIMPINA
GERIT HEC VICTRICIA
SIGNA".

Hagenau, Pfalz

Zentrale Bedeutung nahm für
die Staufer die heute vollständig verschwundene Pfalz Hagenau ein. Sie geht noch auf eine Wasserburg zurück, die
Herzog Friedrich II., Vater

Friedrichs I. Barbarossas, 1115 auf einer Insel innerhalb des Flusses Moder errichten ließ. Eng damit verbunden war die Gründung Hagenaus durch den Herzog zwischen 1115 und 1125.

Die Anlage der Wasserburg folgte strategischen Erwägungen, da Herzog Friedrich II. damit zum einen den von Heinrich V. aufgetragenen militärischen Aufgaben nachkam und zum anderen für sich und seine Familie einen Ausgangspunkt für weitere territoriale Unternehmungen im Unterelsass schuf. Eng mit Burg und Stadt verbunden war das große Waldgebiet des Heiligen Forstes mit den drei älteren Klöstern von Weißenburg, Selz und St. Walburg und den Neuanlagen der Zisterzienserklöster von Neuburg und Königsbrück. Im Jahr 1164 erhielt Hagenau den sogenannten „Freiheitsbrief" von

Friedrich I. Barbarossa, in dem verschiedene Rechte und Pflichten verankert waren. Allerdings, so die neuere Forschung, seien dieser Freiheitsbrief und die im gleichen Jahr verliehenen Stadtrechte für Hagenau nicht gleichzusetzen. Unter Friedrich I. Barbarossa wurde die väterliche Burg zu einer großen, repräsentativen Pfalz umgewandelt. Es ist jedoch unbekannt, ob die bestehende Burg in den Ausbau einbezogen wurde oder ein kompletter Neubau entstand. Allerdings entwickelten sich Pfalz und Stadt gemeinsam, weshalb bei Hagenau auch der Begriff der „Pfalzstadt" gebräuchlich wurde. Die eigentliche Fläche der Pfalz maß etwa 120 mal 120 Meter und hatte dennoch die Form eines unregelmäßigen Vierecks. Anders als andere Pfalzen erhob Friedrich I. die Hagenauer Pfalz zu seiner „ca-

Hagenau, Heiliger Forst, Karte aus dem 18. Jahrhundert

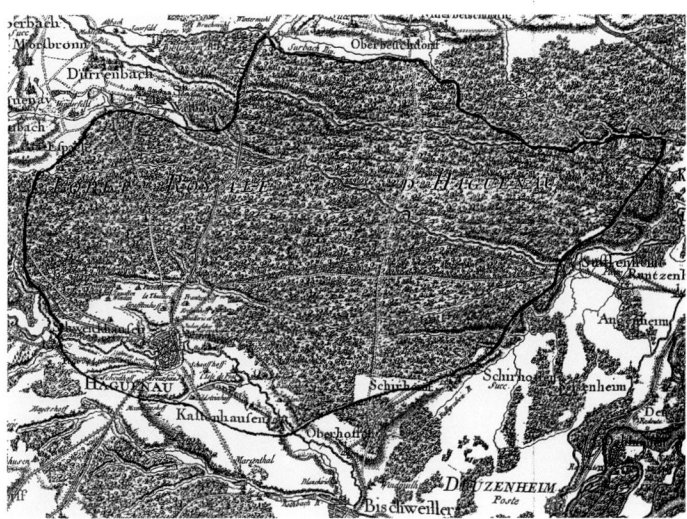

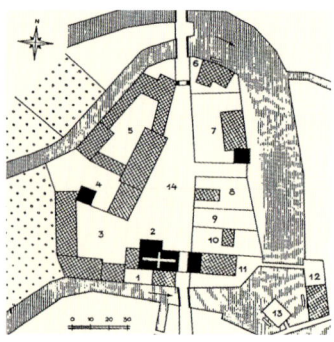

mera domini imperatoris" – zum Wohnhaus des Kaisers, was einer Art Residenz gleichkam. Neunmal hielt er sich zwischen 1158 und 1189 hier auf, Kaiser Friedrich II. später gar 22 Mal! Und Hagenau verfügte mit der sogenannten Dreskammer noch über eine weitere Besonderheit. Diese Schatzkammer befand sich im Herzen der Pfalz – in der dreigeschossigen Pfalzkapelle. Hier lagerten zwischen 1153 und 1208 vermutlich die

Reichskleinodien. Friedrich Barbarossas enge Bindung an Hagenau wird zudem durch den Umstand deutlich, dass sein Vater Herzog Friedrich II. im Benediktinerkloster Walburg seine letzte Ruhe fand und Friedrich I. auf ihrem Weg nach Hagenau am Grab seines Vaters vorbeikam. 1189 brach er von der Pfalz Hagenau aus zum Kreuzzug auf. Die Pfalz selbst wurde 1677 im Pfälzischen Erbfolgekrieg zerstört, die Kapelle 1687 abgebrochen und die Steine zum Bau der Rheinfestung Fort Louis wiederverwendet.

Nürnberg, Pfalz

Die äußeren und inneren Voraussetzungen für den Aufstieg der Nürnberger Burg zur Kaiserburg und Pfalz sind von König Konrad III. geschaffen worden. Er sah das vormals salische Hausgut gleichermaßen als Familienbesitz an und nahm zwischen 1138 und 1151 zehn-

Hagenau, Schnitt durch die Pfalzkapelle

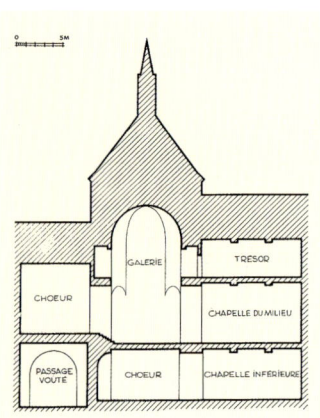

Hagenau, Rekonstruktionsmodell der Pfalzkapelle von H. Burg

mal hier Quartier. Am Beginn stand offenbar ein mehrmonatiger Aufenthalt im Jahr 1138. In jenem Jahr wurde auch das Nürnberger Burggrafenamt erstmals urkundlich erwähnt. Es versah der Edelfreie Gottfried von Raabs als Mitglied eines niederösterreichischen Adelsgeschlechtes. Die zugehörige Burggrafenburg diente ursprünglich als Sitz des für die Sicherheit der Anlage zuständigen königlichen Ministerialen. 1192 ging es an die schwäbischen Herren von Zollern über, die es bis zur Zerstörung der Burggrafenburg und dem Verkauf 1427 an die Stadt Nürnberg innehatten.

König Konrad III. war es, der die Burg zum Aufenthaltsort seines zehnjährigen Sohnes Heinrich bestimmt hatte, als er 1147 unter dem Eindruck der Predigten Bernhard von Clairvaux' zum Zweiten Kreuzzug aufbrach. Noch größere Bedeutung erlangte die Burg unter Friedrich I. Barbarossa, der sich zwischen 1152 und 1188 13 Mal in Nürnberg aufhielt, und zwar auch zu

Nürnberg, Kaiserburg, Pfalzkapelle mit Chorturm

Hoftagen und festlichen Empfängen. Auch seine Nachfolger suchten die Burg immer wieder auf, darunter der Welfe Otto IV., der noch 1212 seine Hoftage auf der Burg abhielt, obgleich sich die Fürstenversammlung bereits 1211 zugunsten von Friedrich II. als König entschieden hatte. Trotz zahlreicher Veränderungen

Rekonstruktionsversuch der Nürnberger Burg im 13. Jahrhundert (Zeichnung: Daniel Burger, Nürnberg 2007, aus: Birgit Friedel, Nürnberger Burg, Petersberg 2007)

Nürnberg, Kaiserburg, Sinwellturm

und schwerster Zerstörungen im Zweiten Weltkrieg blieben aus staufischer Zeit zahlreiche Teile der Pfalz erhalten, darunter etwa der Fünfeckturm und Doppelkapelle/Pfalzkapelle aus der Zeit Mitte bzw. Ende des 12. Jahrhun-

Nürnberg, Kaiserburg, Pfalzkapelle, Obergeschoss

derts. Die Pfalzkapelle ist der wichtigste Bauteil der Kaiserburg aus staufischer Zeit. Die untere Margarethen- und die obere Kaiserkapelle bestehen aus Säulenhallen zu drei mal drei Jochen, die durch ein zentrales, Ende des 19. Jahrhunderts wieder geöffnetes Mitteljoch miteinander verbunden sind. Anders als etwa in der Pfalzkapelle von Eger wird die Nürnberger Pfalzkapelle durch eine Empore als dritte Ebene bereichert. Entstanden sind beide Teile entgegen früherer Annahmen zur selben Zeit. Berühmt ist das Adlerkapitell in der Unterkapelle, das sich in stilistisch feinerer Ausführung in der Pfalz von Gelnhausen wiederfindet. Als gesicherte Jahreszahl gilt das Jahr 1216, als die Unterkapelle an den Deutschen Orden übergeben wurde. Die Bauplastik beider Kapellenräume ist ungewöhnlich reich. Parallelen in der plastischen Ausführung finden sich in Schwaben, am Ober- und Hochrhein mit Denkendorf, Weinsberg und dem Baseler Münster.

Eger, Pfalz

In Eger, im mittleren Osten seines Reiches, ließ Friedrich Barbarossa nach 1179 seine östlichste Pfalz errichten. 1167 war das Egerland unter seine Herrschaft gekommen. Die Pfalz entstand an Stelle der um 900 errichteten slawischen Burg auf einem Bergsporn oberhalb des gleichnamigen Flusses, wobei unklar ist, ob die Burg dafür abgebrochen oder in den Pfalzneubau mit einbezogen wurde. Wieder war es neben der strate-

*Eger,
Schwarzer
Turm*

gischen Lage die verkehrsgünstige Struktur, die zur Anlage der Pfalz führte, denn Eger kreuzten gleich zwei Fernhandelsstraßen. Die Arbeiten zum Um- oder Neubau setzten 1179 nach dem ersten Besuch Friedrichs I. ein, wobei die Größe eher an eine sogenannte Randhausburg von 97 mal 63 Metern Grundfläche erinnerte. Diese geht wohl in ihrer Grundstruktur noch auf den Bau Diepolds III. zurück, der hier eine Ministerialenburg errichtet hatte. Bis zum Jahr 1189 entstanden der Bergfried (Schwarzer Turm) und der romanische Palas, während die freistehende

Doppelkapelle wohl bis zum frühen 13. Jahrhundert vollendet war. Der deutlich älteste Bauteil der Pfalz, die 1183 erstmals als „castrum imperatoris" genannt wurde, ist der aus Buckelquadern (Material: Basalt) errichtete Schwarze Turm (Bergfried). Er wurde mit einer Mauerstärke von über drei Metern erbaut und weist heute noch eine Höhe von 18,5 Metern auf. Vom einstmals zweigeschossigen Palas blieben die Außenmauern erhalten, in

Eger, Pfalzkapelle

Eger, Grundriss

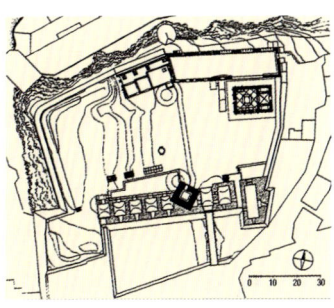

Eger, Nordwand des Palas

baues 1183 und 1188 nach Eger, Friedrich II. zwischen 1213 und 1219 viermal, Heinrich VII. zwischen 1223 und 1234 fünfmal und zuletzt Konrad IV. 1241. Die größte architektonische Kostbarkeit bildete jedoch die weitgehend erhaltene Doppelkapelle von St. Martin (Untere Kapelle) bzw. St. Eberhard und St. Ursula (Obere Kapelle). Ähnlich der Nürnberger Burg sind beide Sakralräume durch eine achteckige Öffnung (in Nürnberg quadratisch) miteinander verbunden. Während jedoch unten noch die Romanik vorherrscht, vollzieht sich im Obergeschoss der Übergang von der Spätromanik zur Frühgotik. Die jeweils acht Kreuzgewölbe werden von vier Säulen getragen: unten von Säulen aus Granit, oben von solchen aus Marmor. Dabei wird das dem Kaiser vorbehaltene, wesentlich repräsentativere Obergeschoss von drei Rundsäulen und einer Achtecksäule getragen. Die im Chor in der Kaiserloge befindliche Marmorsäule mit ihrem zickzackgemusterten Schaft gehört zu den schönsten Werken staufischer Bildhauerkunst. Die Kapitelle lassen die stilistische Verwandtschaft zur Kreuzkapelle auf dem Elsässer Odilienberg erkennen, während die Kopfmasken wieder an den Emporenkapitellen des staufischen Baseler Münsters zu finden sind. 1213 wurde in der Kaiserkapelle die Goldene Bulle von Eger „in capella in castro Egra" ausgestellt. Friedrich II. hielt hier in Eger auch einen Hoftag ab.

dessen repräsentativem Obergeschoss sich ein Festsaal von 26 mal 11 Metern Fläche auf der Ost- und die kaiserlichen Gemächer auf der Westseite befanden. Diese Wohnräume waren vermutlich durch Holzwände voneinander getrennt und verfügten über eigene Kaminzüge und Aborterker, die ähnlich denen in Wimpfen von einem Korridor erschlossen waren. In diesen Räumen hielten sich alle Staufer wiederholt auf. Friedrich I. kam während des Aus-

Eger, Pfalzkapelle, Obergeschoss

DIE STAUFER IM NORDREICH: BURGEN

Neben den Königspfalzen stellten die Reichsburgen das Rückgrat der königlichen Macht in Deutschland dar. Eine klare Abgrenzung zu den Pfalzen ist, wie bereits dargelegt, nicht möglich, da auch zahlreiche Reichsburgen von deutschen Königen als zeitweilige Unterkunft genutzt wurden. Eine große Zahl staufischer Reichsburgen entstand im Elsass, in der Pfalz, der Wetterau, aber auch in Schwaben und Franken. Neben dem Hausgut der Familie waren die staufischen Herrscher auf die jeweiligen Königslandschaften angewiesen, die ihnen ihre finanzielle Unabhängigkeit ermöglichten. Hier fanden sich Grundbesitz und Einkünfte. Dennoch drohte der ständige Verlust der Reichsgüter durch das Lehnswesen. Die eigentlich solide Art, als Herrscher und oberster Lehnsherr Vasallen durch Lehnsgüter an sich zu binden, höhlten die jeweiligen Lehnsleute dadurch aus, dass sie die Güter an Untervasallen weitergaben oder an ihre eigenen Nachkommen zu vererben suchten. In jedem Fall aber versuchten sie die Güter dem Einfluss des Königs zu entziehen. Um diesen Prozess zu unterbinden, wählten die Staufer die Ratgeber und Verwalter ihrer Reichsgüter nicht aus dem Hochadel, sondern aus dem Kreis der Ministerialen, der un-freien Dienstmannen aus. Auch auf andere Weise wurde die Vorherrschaft des Königs geschwächt. So war das „ius munitionis" als Recht zum Bau von Wehranlagen offiziell bis 1231 ein Reichsrecht, was die Adeligen nicht daran hinderte, ihre eigenen Burgen zu errichten. Walter Hotz (Pfalzen und Burgen) unterscheidet diese skizzierten „Reichsburgen erster Ordnung" von jenen, die auf allodialem oder erworbenem Eigenbesitz errichtet wurden. Als Beispiele nennt er Münzenberg, Wildenberg und Krautheim. Zwar gilt Münzenberg heute wie die beiden anderen als Reichsburg, doch wurde sie von den Herren von Münzenberg errichtet. Allod bedeutet in diesem Zusammenhang, dass der Besitzer keinen Lehnsherrn über sich hat. Allerdings waren auch die Münzenberger Burgherren Ministerialen der Staufer und die von ihnen errichten Burgen wie die namensgebende Burg Münzenberg in ein System von Reichsburgen eingebunden. Ein solches Beispiel liefert etwa die „Thüringer Achse" mit Wartburg, Runneburg, Eckartsburg und Neuenburg.

Ein die mannigfaltige Baugestalt der Reichsburgen verbindendes Element ist nahezu allen staufischen Burgen und Pfalzen eigen und zu einem Charakteristikum dieser Zeit geworden: die Verwendung von Buckelquadern mit Randschlag. Neben dem praktischen Zweck der erschwerten Angriffe verkörperte diese Art der Steinbearbeitung vor allem das Selbstbewusstsein der Burgherren. Nicht vergessen werden darf neben der ästhetischen die psychische Wirkung der Abschreckung.

Münzenberg, Burg

Wie kaum eine andere Burg verkörpert Burg Münzenberg das Idealbild einer stauferzeitlichen Burganlage und ist neben der thüringischen Wartburg die bedeutendste Burganlage des Hochmittelalters in Deutschland. Mit ihren beiden markanten Bergfrieden beherrscht sie als Wahrzeichen der Wetterau weithin das Land. Die Bergfriede waren es auch, die der Burg den umgangssprachlichen Namen „Wetterauer Tintenfass"

einbrachten. Die Anlage geht im Wesentlichen auf Kuno I. von Arnsburg zurück, der mehrfach im Gefolge Friedrich Barbarossas auftrat und 1161 als Reichskämmerer genannt wurde. Im Jahr darauf findet sich die erste urkundliche Erwähnung der neuen Stammburg Kunos, der sich bereits seit 1156 von Münzenberg nannte. Der nordöstlich von Butzbach gelegene Höhenrücken, der die neue Burg aufnahm, hatte sich zuvor im Besitz des Klosters Fulda befunden und gelangte zwischen 1138 und 1152 in den Besitz von Kunos Vater Konrad II. von Hagen-Arnsburg. Dies geschah als Ausgleich für die Stiftung des zu Fulda gehörenden Benediktinerklosters Altenburg durch Konrad II. und dessen Frau Luitgard im Jahr 1150. Auf dem Münzenberg entstand bis gegen 1174 eine repräsentative Höhenburg. Sie gehört zu zehn Reichs- bzw. Ministerialenbur-

Burg Münzenberg, Ansicht von Südosten

gen, die dazu dienen sollten, den Anspruch der Staufer auf das Königsland in der Wetterau zu sichern. Unter Kunos Herrschaft entstanden wesentliche Teile der Ringmaueranlage aus Buckelquadern um die Kernburg, dazu der Torbau mit der darüber gelegenen Kapelle, der östliche Bergfried und der romanische (Süd-)Palas. Die Anlage blieb jedoch unvollendet, was am Geldmangel des Bauherrn gelegen haben könnte, da er nach 1170 wichtige Güter und Rechte in der Wetterau erwarb und 1174 die alte Stammburg (Arnsburg) an den Zisterzienserorden (Kloster Arnsburg bei Lich) veräußerte. Kunos enge Verbindung zu den Staufern zeigte sich auf Münzenberg in der sehr prächtigen Bauausführung etwa des Palas, während er die Ummauerung unvollendet ließ und in Teilen nur mit hölzernen Palisaden ergänzte. Die Besonderheit des etwa zwischen 1165 und 1174 entstandenen staufischen Palas liegt in dessen Zweiteilung unter einem Dach durch eine mittlere Querwand. Der Saal des Obergeschosses erinnert dabei an die reichen Steinmetzarbeiten der etwa zeitgleich errichteten Kaiserpfalz von Gelnhausen.

Im sogenannten Deutschen Thronstreit 1198 setzte sich Kuno I. für Herzog Philipp von Schwaben als Nachfolger seines verstorbenen Bruders Heinrich

Burg Münzenberg, Palas

VI. ein. 1207 starb er. Ob er jemals auf Münzenberg lebte ist ungewiss. Sein Nachfolger konzentrierte sich mehr auf den Bau von Babenhausen. Mit Ulrich II. starb 1255 die gesamte männliche Linie der Münzenberger aus. In der Folge wurde die Burg unter den sechs Erbtöchtern aufgeteilt, wobei die Falkensteiner Erben bis um 1270 fünf Sechstel der Burg in ihren Besitz brachten. Sie waren es auch, die den gleichnamigen Falkensteiner Bau (Nordpalas) und den zweiten Bergfried hinzufügten. Die übrigen Bauten entstanden im 15. Jahrhundert. Um 1500 wurde auch die Burgkapelle im Stil der Gotik umgebaut. Die Zerstörung der Burg Münzenberg begann im Dreißigjährigen Krieg. Erst gegen Mitte des 19. Jahrhunderts erkannte man ihren Wert und begann mit der Sicherung der Burganlage.

Büdingen, Schloss

Dem Burgenbau als politischem Mittel zur Sicherung weit verstreut liegenden Reichsgutes verdankt Schloss Büdingen, eine der besterhaltenen Burganlagen in Deutschland, seine Existenz. Es entstand zwischen 1166 und 1195 als staufische Ministerialenburg zum Schutz des Reichsforstes Büdinger Wald, der sich zwischen Gelnhausen und Wächtersbach erstreckte. Zudem bildete Büdingen neben der Kaiserpfalz Gelnhausen und weiteren Anlagen den Festungsgürtel des Wetterauer Burgendreiecks. Als Bauherren der

einstigen Wasserburg wirkten die edelfreien Herren von Büdingen, die auch die Reichsburg Gelnhausen verwalteten, darunter der im Gefolge von Friedrich I. Barbarossa und dessen Sohn Heinrich VI. auftretende Hartmann von Büdingen. Er wird Ende des 12. Jahrhunderts als Erbburggraf zu Gelnhausen genannt.

Der Kernbau des heutigen Schlosses ist eine sogenannte Randhausburg. Sie besteht aus einer ringförmigen, 13-eckigen Anlage, in deren Zentrum sich ursprünglich der Bergfried befand. Während sich alle Gebäude um die Ringmauer fügten, stand der Bergfried frei in der Hofmitte. Grabungen zufolge stammte er aus der Zeit nach 1131, war außen rund und im Inneren sechseckig und sein Mantel mit den charakteristischen Buckelquadern verblendet. Aus staufischer Zeit blieben weite Teile der Kernburg erhalten, darunter die bis zu sechs Meter hohe und zwei Meter dicke Ringmauer mit ihren typischen Buckelquadern, der Palas und die Kapelle. Allerdings liegt das Hofniveau heute zwischen zwei und drei Metern über dem des 12. Jahrhunderts, so dass der alte Kapellenraum auf Kellerhöhe zu finden ist. Neben der Ringmauer bewahrt der 22 Meter lange Palas bis heute die stärksten Merkmale der Stauferzeit, auch wenn er um 1330/40 aufgestockt wurde. Dazu gehören noch mehrere Fenster an der Giebelwand, darunter eine dreigliedrige, einstmals zum Saal gehörende Fens-

tergruppe. Ihre Bogen ruhen auf einer Bündel- und einer Knotensäule über schmalen Basen. Die Kapitelle sind mit Blättern geschmückt und denen der Kapelle ähnlich. 1240 starben die Herren von Büdingen aus. Ihr Besitz ging teils an die Herren von Isenburg über, die 1323 als alleinige Besitzer auftraten. Im Besitz der Familie der Fürsten zu Isenburg und Büdingen ist die Schlossanlage bis heute.

Büdingen, Burg, Torbau (oben) und Blick vom äußeren Hof in Richtung Bergfried (unten)

Blick vom Kirchturm auf Schloss Büdingen (Foto: Sven Teschke)

Friedberg, Reichsburg, Adolfsturm, 14. Jahrhundert

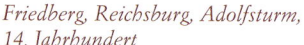

Friedberg, Reichsburg

Konfliktreich gestaltete sich die Beziehung der adeligen Burgmannschaft der Friedberger Reichsburg einerseits und der Bürger der aufstrebenden Handels- und Reichsstadt Friedberg andererseits, als jene im Interregnum 1275 die Burg zerstörten. Um 1170/80 hatte Friedrich I. Barbarossa Burg und Stadt mit dem Ziel gegründet, die königliche Herrschaft in der Wetterau ähnlich wie im Fall von Büdingen, Münzenberg und Gelnhausen zu sichern, wirtschaftlich zu nutzen und auszubauen. Die Burg, im Übrigen heute eine der größten Anlagen in Deutschland, erstreckt sich dabei auf einem alten, um 85 n. Chr. unter Kaiser Domitian errichteten 244 mal 160 Meter großen Römerkastell, das vermutlich in karolingischer Zeit bereits als Königshof diente. Die früheste Urkunde König Friedrichs II. erwähnt 1216 die Existenz der Reichsburg samt Burggraf. Eine

Kaiserurkunde von 1226 nennt schließlich auch die Stadt Friedberg. Ähnlich wie in Nürnberg, wo ebenfalls eine eigene Burggrafschaft existierte, waren Konflikte vorprogrammiert. Die Verteidigung des ausgedehnten Mauerrings der Friedberger Burg übernahmen in Notzeiten die Reichsministerialen und Adelsgeschlechter aus der Wetterau, die als Burgmannen verpflichtet wurden. Als Reichsburg bestand Friedberg bis zum Ende des Alten Reiches 1806.

Breuberg, Burg

Die hoch über dem Mümlingtal und dem gleichnamigen Ort gelegene Burg Breuberg entstand um 1160 unter Abt Marquard I. für die Reichsabtei Fulda, um die fuldaischen Besitzungen im Odenwald gegen den mächtigen Mainzer Erzbischof zu sichern. Die Vogtei hatte die örtlich begüterten edelfreien Herren Reiz von Lützelbach als Lehen inne.

1118 wurde die Familie mit Conradus Reis de Lucelenbach erstmals urkundlich erwähnt, im Jahr 1222 mit „Conradus Reizo de Bruberc" (Konrad II.) der mutmaßliche Sohn des Erbauers. Nach ihrem neuen Wohnsitz nannten sie sich fortan Herren von Breuberg bzw. Reiz von Breuberg. Mit dem Ziel einer gewissen Autonomie von Fulda und dem Auf- und Ausbau einer selbstständigen Herrschaft mischten die Herren von Breuberg kräftig in der Reichspolitik der Stauferzeit mit. Dazu gehörten eine aktive Heiratspolitik und der Dienst für den König. So wurde besagter „Conradus Reizo de Bruberc" in Urkunden aus der Regierungszeit Friedrichs II. von Staufen oftmals als Zeuge genannt. Sein Nachfahre Gerlach I. Reiz von Breuberg, der zwischen 1273 und 1305 regierte, erlangte unter Rudolf von Habsburg die Reichslandvogtei über die Wetterau und über Thüringen. Allerdings starb die

Neustadt im Odenwald, Burg Breuberg

Burg Breuberg von Südwesten

Familie 1323 mit Eberhard III. im Mannesstamm aus.

Burg Breuberg als Zentrum ihrer Herrschaft ist im Kern eine romanische Anlage, die bis ins 17. Jahrhundert fortentwickelt wurde. Die Anlage besteht aus einer Kernburg, die sich um den starken, gut erhaltenen romanischen Bergfried legt sowie einer durch Tor und Graben getrennten Vorburg. Die rund 55 mal 38 Meter große Kernburg hat den Grundriss eines ungefähren Rechtecks, in dessen Mitte sich der rund 25 Meter hohe Bergfried erhebt. Sein Alter wie das des Portals zur Kernburg datiert in die Zeit um 1200. Das kunstvoll geschmückte gestufte Tor zur Kernburg aus rotem Buntsandstein sollte mit seinen Säulen und palmettenverzierten Würfelkapitellen samt Rundbogenfries die Bedeutung der Burg unterstreichen. Hier wie beim weithin sichtbaren Bergfried galt es, Macht und Anspruch des Burgherrn zu manifestieren. Mit seinen Buckelquadern weist der Breuberger Bergfried die typischen Charakteristika der Stauferzeit auf. Da Burg Breuberg nie in kriegerische Auseinandersetzungen verwickelt wurde und im frühen 17. Jahrhundert als Residenz des Grafen Johann Casimir von Erbach ausgebaut wurde, gehört sie heute mit ihrem architektonischen Gesamtbestand zu den besterhaltenen Burganlagen Hessens.

Burg Wildenberg, Torturm (Foto: Peter Weller)

Wildenberg, Burg

Die mächtige Burg Wildenberg gilt in ihrer architektonischen Qualität und reichen Ausstattung als den Kaiserpfalzen ebenbürtig. Sie gehört „zu den Hauptburgen staufischer Zeit, Gelnhausen und Münzenberg nicht nachstehend" (Dehio). Man findet sie im Odenwald südöstlich der Marktgemeinde Kirchzell auf einem nach Nordosten vorgeschobenen Bergsporn 365 Meter über dem Tal der Mud, eines Zuflusses zum nahen Main. Sie liegt an einem alten Verbindungsweg vom Neckar zum Main. Als Bauherr werden Ruprecht von Dürn (de Durne), sein Vater und der Bruder Burchert genannt. Die Herren von Dürn waren ein staufisches Adelsgeschlecht, dessen

Burg Wildenberg, Fensterarkaden (Foto: Schwing)

Name sich vom Stammsitz Walldürn ableitete. Der Baubeginn von Wildenberg hängt eng mit der Übertragung der Vogtei über das Kloster Amorbach durch Kaiser Friedrich Barbarossa um das Jahr 1168 zusammen. 1171 wurde Ruprecht erstmals als Gefolgsmann Barbarossas genannt. Bis 1196 wird er in 150 Urkunden Kaiser Friedrichs I. und Kaiser Heinrichs VI. als Zeuge genannt. Ruprechts Herkunft ist unklar. Man vermutet jedoch, dass die de Durne schon in der Mitte des 12. Jahrhunderts gemeinsam mit den Herren von Boxberg und von Krautheim zu bedeutenden Herren im späteren Bauland gehört haben. Auch könnten sie bereits längere Zeit in Walldürn gesessen haben. 1197 folgte Ruprecht Friedrich Barbarossa nach Italien. Da hatte er schon die Zentherrschaft über weite Teile des späteren Baulandes inne. Entgegen früherer Annahmen wird der Bau der Burg Wildenberg heute in die Zeit gegen Ende des 12. Jahrhunderts und die Zeit um 1220 (Torturm) datiert. Es entstand eine einheitliche, auffallend regelmäßige Anlage in Form eines ungleichen Rechtecks, ausgeführt in rotem Buntsandstein. Gegen die Angriffsseite ist die Burg zum Berg hin durch eine starke Schildmauer geschützt. Hier findet sich auch der übereck gestellte quadratische Bergfried. Man betritt die Burg bis heute durch die erhaltene kreuzrippenüberwölbte Tordurchfahrt samt dem darüber liegenden Kapellengeschoss mit dem Altarerker. Das Gebäude ist jedoch nicht geradlinig in die Ringmauer eingelassen, sondern fügt sich als winklige Ausbuchtung an die Ringmauer an. Die elegante abgetreppte Torlösung von Wildenberg gilt allgemein als originell. Zur Seite des Bergfrieds hin lagen auch die Wohn- und Wirtschaftsgebäude, während der Palas zur Talseite hin angeordnet war. Seinen außergewöhnlichen Rang als eines der besten Werke der deutschen Burgenbaukunst verdankt Wildenberg dem Bau des Palas. Prächtige Einzelformen bestimmen sein Erscheinungsbild. Der im Kern aus Buckelquadern errichtete Bau wurde durch den Enkel des Bauherrn Konrad von Dürn gegen 1230 aufgestockt und durch einen prachtvollen zweiten, oberen Festsaal ergänzt. Über gewaltige Abmessungen verfügt bereits der bauzeitliche Kamin im Untergeschoss, der aus mächtigen Steinblöcken gefügt ist. Die dreiteilige Fenstergruppe des Obergeschosses weist spätromanische und frühgotische Zierformen auf. Sie „werden in der Spannung ihrer Kleeblatt-Bögen und in der Formenkraft ihrer Kapitelle von keinem anderen Bauwerk der Stauferzeit übertroffen" (Wülfing). Rund 100 Bauleute sind überliefert, Bertold und Ulrich namentlich, wie eine Inschrift belegt: „BERTHOLD MVRTE MICH VLRICH HIWE MICH". Eine weitere steinerne Inschrift am Ostfenster des Palas („O WE MUTER") entstammt dem Parzival Wolfram von Eschenbachs. Dieser hat auf Wildenberg längere Zeit an seinem Roman gearbeitet. Wildenberg kommt darin als Gralsburg „Mont sauvage – Munsalvaesche" vor.

Babenhausen, Burg

Bei ihrer ersten urkundlichen Erwähnung als „Castrum Babenhausen" 1236 befand sich Burg Babenhausen im Besitz der Herren von Münzenberg, Reichsministerialen und Gefolgsleuten des Kaisers. Sowohl sie als auch die Herren von Hagen sind die Gründer der südlich des Mains im Bachgau und unweit von Aschaffenburg gelegenen um 1200 entstandenen Burg. Das bislang noch viel zu unbekannte Kleinod des mittelalterlichen Burgenbaues geht im Kern auf „eine der bedeutendsten stauferzeitlichen Burgen Südwestdeutschlands" (Ottersbach: Frankfurt & Rhein-Main) zurück, hat seinen Ursprung jedoch in einer salischen Turmburg. In ihrer Gestaltung weicht Burg Babenhausen deutlich von den bis dahin errichteten Adelsburgen ab. Sie entstand als regelmäßige Viereckanlage auf nahezu quadratischem Grundriss von

Babenhausen, Burg, romanisches Kapitell

42 mal 44,5 Metern mit einem ebenfalls quadratischen Bergfried in der Mitte. Das Besondere ist das Baumaterial: Backstein, ein Baustoff, der im hessischen Burgenbau als Baumaterial ungewöhnlich ist und angesichts der Tatsache verwundert, dass es im umliegenden Gebiet ausreichend Sand- oder Hartsteinbrüche gab, die andere Konstruktionsmöglichkeiten erlaubten. Nur wenige Elemente wie Tür- und Fenstergewände sowie die Hofarkaden entstanden aus Hausteinen. Aufgrund der Nähe zum Reichsforst Dreieich wird vermutet, dass die auf Kuno I. von Münzenberg zurückgehende Anlage als Jagdschloss Friedrichs I. Barbarossas

Babenhausen, Burg, Arkaden der Stauferzeit

Weinheim, Burgruine Windeck

genutzt werden sollte. Immerhin verweisen Baustoff und Bauform auf äußere, italienisch-lombardische Einflüsse mit Architekten und Polieren aus der Lombardei und im Umkehrschluss zurück auf später entstandene staufisch-lombardische Architekturen wie die Podestà-Paläste und die Broletti, darunter der Broletto zu

Weinheim, Blick von der Wachenburg zur Burg Windeck (Foto: Jürgen Kadel)

Novara. Repräsentativ wirkt etwa die Loggia im Erdgeschoss des Palas, deren Kapitelle Schmuckformen aufweisen, die denen am Marktportal des Mainzer Domes verwandt sind. Leider sind drei 1902 neu gefertigt worden. Nur das der Doppelarkade blieb erhalten und gehört zum Typus der spätromanischen Kelchblockkapitelle mit aufsteigenden Blättern. In Zweitverwendung finden sich ähnliche Ausführungen auch unter der Empore der Aschaffenburger Stiftskirche, die vermutlich von der staufischen Anlage des Aschaffenburger Schlosses stammen. Bauzeitlich ist zudem der Treppenturm mit gewendeltem Treppenlauf, der dem des Castel del Monte nicht unähnlich ist und die Wendelsteine der Renaissance vorwegnimmt. Der Bergfried selbst ist nicht erhalten. Seine Fundamente wurden in den 1950er Jahren ergraben.

Windeck, Burg

Zu den ältesten Burgen entlang der Bergstraße gehört neben der Heppenheimer Starkenburg Burg Windeck oberhalb von Weinheim. Sie wurde bereits im 11. Jahrhundert vom Reichskloster Lorsch zum Schutz des um Weinheim gelegenen umfangreichen Grundbesitzes angelegt, 1114 jedoch auf Befehl Kaiser Heinrichs V. infolge von Gebietsstreitigkeiten zwischen dem Lorscher Abt Benno und dem Klostervogt Berthold von Hohenberg geschleift und 1130 wiederhergestellt. Unter König Konrad III. erhielt sie 1138/41 eine neue Besatzung. Auch Kaiser Friedrich Barbarossa versicherte sich der Anlage, die in der Folge an Friedrichs Stiefbruder, den Pfalzgrafen Konrad, gelangte. Bis heute wird die 50 Meter lange und rund 30 Meter breite Randhausburg vom mächtigen rund 28 Meter hohen runden Bergfried überragt.

Steinsberg, Burg

Auf der höchsten Basaltkuppe des Kraichgauer Hügellandes (333 Meter über NN) erhebt sich unweit der einstigen Reichsstadt Sinsheim die bis heute weithin sichtbare Burg Steinsberg mit ihrem charakteristischen achteckigen Bergfried. Sie gilt aufgrund ihrer unvergleichlichen Lage seit alters her als „Kompass des Kraichgaus" und wurde noch in vorstaufischer Zeit 1109 in einer Urkunde des Hirsauer Codex mit dem Edlen Eberhard von Steinsberg erstmals erwähnt. Um 1180 weilte der im Codex Manesse verewigte staufische Spruchdichter und Minnesänger Spervogel als Gast bei dem „Edlen Wernhart uff Steinesberc". Zwar ist aus dieser Zeit nichts mehr von der Burg erhalten, doch wird Wernhart als staufischer Gefolgsmann, „der uf Steinesberc saz", bezeichnet. Die heutige Kernburg datiert in die Zeit um 1220, in die Zeit der

Sinsheim-Weiler, Burg Steinsberg (Foto: P. Schmelzle)

Burg Steinsberg, Zweites Tor im spiralförmig angelegten Zugang zur Kernburg (Foto: P. Schmelzle)

Grafen von Oettingen. Sie waren ebenfalls bedeutende staufische Gefolgsleute, darunter ein Oettinger, der bereits 1216, 1220 und 1237 als Zeuge bei Kaiser Friedrich II. genannt wird.

Burg Steinsberg entstand als nahezu regelmäßiger Zentralbau und sogenannte Ring- oder Randhausburg mit neun Meter hohen Mantelmauern und dem freistehenden zentralen viergeschossigen und 30 Meter hohen Bergfried. Sie gilt als „majestätische Anlage" (Hotz: Pfalzen und Burgen), nicht zuletzt dank ihres ebenmäßigen, sauber ausgeführten Buckelquadermauerwerks mit Randschlag an Mantelmauer und Bergfried. Gemäß allen Stilmerkmalen und den Zangenlöchern der Bossen entstand Burg Steinsberg in der jüngeren Stauferzeit. Die oktogonale Gestalt des im Auftrag Kaiser Friedrichs II. ausgeführ-

ten Bergfrieds ist mit den Oktogonen von Egisheim (Eguisheim) und Gebweiler (Guebwiller, Elsass), Wangen und Kilchberg (Tübingen), dem Schildmauerturm des Gräfenstein (Pfalz), dem sizilianischen Enna und nicht zuletzt auch mit dem apulischen Castel del Monte vergleichbar. 1255 gelangte Steinsberg in pfälzischen Besitz.

Krautheim, Burg

In der Nähe zweier alter Handelsstraßen von Worms nach Bad Mergentheim bzw. von (Bad) Wimpfen nach Rothenburg befindet sich in strategisch günstiger Lage auf einem Bergsporn über dem Jagsttal (330 Meter über NN) die heutige Burgruine Krautheim. Sie geht im Kern auf die Zeit des 12. Jahrhunderts zurück, als der lokale Adel damit begonnen hatte, seine Besitzungen aus den Tallagen hinaus auf die verteidigungstechnisch idealeren Bergrücken zu verlegen. Tatsächlich bestand ursprünglich eine erste Burg im Osten von Krautheim, die ins frühe Mittelalter datiert wurde. Als Begründer der heutigen Burganlage wird um 1200/13 Wolfrad I. von Krautheim genannt. Der Grundriss erinnert an ein verschobenes Quadrat mit abgestumpften Ecken. Wolfrad I. und seine beiden Brüder Crato und Konrad von Krautheim ließen seinerzeit den Palas sowie die Hochmantelmauer samt dem zur Bergseite hin gelegenen Halsgraben erbauen. Allerdings bestand bereits der von Ruthard von Krautheim errichtete und vermutlich im letzten Viertel des 12. Jahrhunderts entstandene etwa 30 Meter hohe runde freistehende Bergfried. Er atmet in seiner Architektur aus Buckelquadern mit Randschlag ganz den Geist der Stauferzeit. Ähnlich anderen Burgen befand sich der Zugang zum Bergfried ursprünglich in etwa zehn Meter Höhe. Der Palas, dessen beide unteren Geschosse erhalten sind, lehnt direkt an der Mantelmauer an. Das hohe Saalgeschoss ist heute Ruine. 1239 gelangte Burg Krautheim durch Kauf in den Besitz von Konrads Schwager Gottfried von Hohenlohe. Er ließ auf Burg Krautheim bedeutende Umbauten vornehmen. Als Berater Kaiser Friedrichs II. befand er sich in der herausgehobenen Stellung und zwar derartig, dass ihn der Kaiser zum Grafen von Molise

und der Romagna ernannte. Unter Gottfried von Hohenlohe erhielt der Palas ein repräsentativeres zweigeschossiges spitzbogiges Portal, das nun gleichsam Palas und die zuvor errichtete Kapelle zugänglich machte. Der Sakralraum wurde von Kunsthistoriker Georg Dehio „in der harmonischen Abstimmung von Raum, Strukturgliedern und Schmuckformen" als „eine der vollendetsten Leistungen der Frühgotik in Deutschland" charakterisiert. Der Aufwand des im Kern fast quadratischen Innenraumes samt einem aus dem Achteck entwickelten Chorschluss könnte auf den einstigen Zweck als zeitweiligen Aufbewahrungsort der Reichskleinodien aus Reichskrone, Reichsschwert und Zepter hindeuten. Diese hatte Gottfried von Hohenlohe nachweislich unter seiner Obhut. Die Architektur der Kapelle deutet auf jene Nutzung hin, etwa durch das Adlerkapitell an der Herrschaftsempore. Die Bauornamentik aus Säulen, Kapitellen und Blattwerk lässt auf die Aus-

Burg Krautheim (Foto: Bernd Haynold)

führung durch eine herrschaftliche Bauhütte schließen. Literarische Berühmtheit erlangte die 1365 bzw. 1389 an das Erzstift Mainz gefallene Burg Krautheim durch Götz von Berlichingen. Er schrie hier 1516 dem in der Burg sitzenden kurmainzischen Amtmann Max Stumpf den später durch Johann Wolfgang Goethes berühmtes Schauspiel „Götz von Berlichingen" bekannten Kraftausdruck: „Er sollt mich hindhen lekhen" entgegen. Das Zitat wurde nur geringfügig verändert.

Neuleiningen, Burg

Mit Burg Neuleiningen befindet sich im gleichnamigen Ort in der Vorderpfalz eine nach dem Vorbild der Burgen von Philipp II. August von Frankreich sowie der der englisch-normannischen Plantagenets errichtete, von vier runden Ecktürmen flankierte Anlage. Die als sogenannte Felsenburg (Ebhardt: Wehrbau) auf einem rund einhundert Meter hohen Felskamm zwischen den rheinwärts hin geöffneten Tälern von Isenach und Eisbach gelegene Anlage, deren 48 mal 45 Meter umfassender Grundriss an ein verschobenes Quadrat erinnert, entstand unter Graf Friedrich III. unweit der Stammburg Altleiningen nach der Leiningischen Erbteilung von 1237 zwischen 1238 und 1241. Ihr Baustil ist vom mittelmeerischen Kastelltyp abgeleitet, der auch mehrere Kastelle Kaiser Friedrichs II. prägte. Die an sarazenische und byzantinische Vorbilder erinnernde kastellartige Bauform hatten die Kreuzfahrer bei ihrer Rückkehr nach West- und Mitteleuropa mitgebracht. Doch nicht nur der Bautyp war etwas Neuartiges, auch die Ausführung. So durchzogen im Gegensatz zur Westseite, hinter deren Mauer sich der Palas befand, die Nord-, Ost- und Südseite schmale Schießscharten, deren Bauart sich für Bogenschützen eignete. Diese Schießscharten waren im Gegensatz zu den Zinnen bis um die Zeit um 1200 in West- und Mitteleuropa unbekannt. Burg Neuleiningen gehört dabei zu den frühen Beispielen im deutschsprachigen Raum, die über die neuartigen Verteidigungsmöglichkeiten verfügten. Von den vier Ecktürmen, die auf französische Vorbilder verweisen, diente der nordwestliche als

Burg Neuleiningen, Ruine des Palas auf der Nordwestseite (Foto: Gabriele Delhey)

Burg Neuleiningen, nordöstlicher Wehrturm (ehemaliger Bergfried)

Bergfried. Er weist – bis heute erkennbar – eine massivere Bauart auf und verfügte ursprünglich über eine größere Höhe als die anderen drei Ecktürme. Seine Anordnung war ebenfalls neuartig, doch hatte die Einbeziehung des Bergfrieds in das Kastell System. So gewährleistete der Abstand aller vier Türme von rund 30 Metern zueinander die damals wahrscheinliche Treffsicherheit im Falle eines Angriffes. Den wehrten nun auch die Burgmauern ab, deren glatte, im sauberen Mauerverband gelegte Fronten eine weitere neue Konstruktionsart der Zeit darstellten und im Gegensatz zu den für stauferzeitliche Burgen charakteristischen Buckelquadern mit Randschlag stehen. Im späten Mittelalter erfüllte Burg Neuleiningen die Funktion einer Stadtburg – 1354 hatte der Ort die Stadtrechte erhalten –, wurde aber 1690 im Orléanschen Krieg zerstört.

Trifels, Burg

Für rund eineinhalb Jahrhunderte stand die südöstlich von Annweiler gelegene Reichsburg Trifels während des Mittelalters immer wieder im Zentrum historischer Ereignisse. Ihre Bedeutung steht in engem Zusammenhang mit dem Geschlecht der Staufer, in deren Einflussbereich sich die Burg seit dem frühen 12. Jahrhundert befand. Den Namen Trifels verdankt die Burg dem 494 Meter hohen Sonnenberg, einem rund 145 Meter langen, 40 Meter breiten und 50 Meter hohen dreifach gespaltenen Buntsandsteinfelsen. Erstmals urkundlich erwähnt wurde der Trifels 1081 in einer Schenkungsurkunde, in der Diemarus de Triveils (Diemar von Trifels) „seine Burg, die Trifels genannt wird, dem König übergab". Von Diemar ist bekannt, dass er aus dem Adelsgeschlecht der Reginbodonen stammte und durch die Ehe mit einer Schwester des Speyerer Bischofs Johann von Kraichgau in den Besitz des Trifels gelangt sein soll. Den Speyerer Annalen zufolge war die Mutter Johanns eine Schwester von Kaiser Heinrich IV. und Diemars Frau eine Kusine dieses Kaisers. Allerdings war der von Diemar beschenkte nicht Heinrich IV., sondern der Gegenkönig Hermann von Salm, so dass der Trifels zunächst in die Hände der Kaisergegner fiel. Die Stellung des Trifels als Reichsburg ist erst für das Jahr 1113 erstmals urkundlich belegbar, als der Mainzer Erzbischof Adalbert I. die Anlage an den Salierkaiser Heinrich V. zurückgegeben hatte. Kurz vor seinem Tode übergab Kaiser Heinrich V.

1125 „die Krone und andere Insignien" an den ihm treu ergebenen Stauferherzog Friedrich II. mit der Auflage, sie „bis zur Zusammenkunft der Fürsten auf der besonders festen Burg, die Trifels genannt wird auf[zu]bewahren". Der Trifels befand sich zu dieser Zeit im Herzland des Reiches und um ihn herum erstreckte sich ein ganzes System von Burgen, darunter Anebos und Scharfenstein, die der zusätzlichen Sicherung des Staatsschatzes dienten. Zu diesem System gehörten auch die Reichsburgen von Meistersel, Ramburg und Neuscharfeneck, die Reichsfeste Falkenburg und die Burg Lemberg, die Reichsburgen Lindelbrunn und Bewartstein, Blumenstein,

Trifels, Hauptburg von Süden: Wachthaus, Turm und Palas

Wasigenstein, die Reichspfalz Hagenau sowie Wegeln- und Hohenburg nebst Löwen- und Fleckenstein. Die Übergabe der Reichskleinodien vom sterbenden Salierkaiser Heinrich V. an die Staufer war für die nachfolgende Rolle der Burg im Selbstverständnis der Staufer besonders wichtig. Die Reichskleinodien sind zwischen dem 11. und 13. Jahrhundert mehrfach auf dem Trifels verwahrt worden, doch wurden sie erst 1246 in einem Inventar detailliert aufgezählt. Zuletzt befanden sie sich zwischen 1292 und 1298 hier. Unter Rudolf von Habsburg wurden sie endgültig vom Trifels weggebracht und fanden sich nach mehreren Zwischenstationen vom 15. Jahrhundert bis zum Jahr 1800 in Nürnberg wieder. Heute erinnern auf dem Trifels Kopien von Krone, Zepter, Reichsapfel, Reichsschwert und Reichskreuz an die seit dem Jahr 1801 in der Wiener Schatzkammer der Hofburg verwahrten Originale. Bekannt geworden ist der Trifels als zeitweiliges Gefängnis des englischen Königs Richard Löwenherz 1193/94.

Der Trifels von Nordwesten

Sein unfreiwilliger Aufenthalt ist jedoch nur für einen kurzen Zeitraum zwischen dem 31. März und dem 19. April 1193 nachweisbar. Die Inhaftierung dauerte vermutlich bis zum 4. Februar 1194, als der König gegen die Zahlung eines hohen Lösegeldes freigekommen war.

Große Bedeutung für die Reichsburg hatten die Königsaufenthalte. Drei von ihnen sind zwischen 1155 und 1194 urkundlich zu belegen, der letzte wohl im Zusammenhang mit dem prominenten englischen Gefangenen. Die immense Lösegeldsumme hatte es Heinrich VI. ermöglicht, einen Feldzug gegen das Reich

Trifels, Anebos und Scharfenberg

der Normannen in Süditalien zu führen, wofür sich am 9. Mai 1194 wohl unterhalb des Trifels die Streitkräfte sammelten, um am 12. Mai 1194 nach Italien aufzubrechen. Noch im gleichen Jahr zog Heinrich VI. siegreich in Palermo ein und ließ sich zum König krönen. Der sagenumwobene Schatz der Normannen wurde in der Folge auf den Trifels verbracht und den dortigen Reichsministerialen anvertraut. Zwar ist der Aufenthalt Friedrichs II. auf dem Trifels nicht dokumentiert, doch hat er mit der Erhebung des Dorfes Annweiler zur Stadt im Jahr 1219 auch das Münzrecht eingeführt, dessen Erlöse dem Trifels zufließen sollten. Annweiler ist damit die wohl erste mittelalterliche Stadt des Reiches, die das Münzrecht besaß. 1241 tauchte das „Amt Trifels" im sogenannten „Reichssteuerverzeichnis" neben Städten wie Frankfurt am Main oder Basel als eines der ergiebigsten Besitztümer der Staufer überhaupt auf.

Große Bedeutung erhielt die Region auch durch die „Memoria", das Gedenken an die Familie der Staufer und die Person Friedrichs II. So sollten die Bewohner Annweilers den Todestag des Herrschers alljährlich mit einer Messe begehen. Damit verknüpfte Friedrich II. den Ort, den Trifels und seine Familie auf das engste, denn der Trifels diente seit der Übergabe der Reichskleinodien durch den Salierherrscher Heinrich V. an Stauferherzog Friedrich II. der Herrschaftslegitimation der Staufer. Ab dem 13. Jahrhundert verlor

der Trifels zunehmend an Bedeutung, so weit, dass König Ludwig der Bayer 1330 die Reichsburg samt Annweiler und weitere Reichsstädte und Reichsburgen an die Pfalzgrafen bei Rhein verpfändete. Die heutige Baugestalt der Zeit ab 1937 resultiert aus der Vorstellung der Nationalsozialisten, den Trifels für ihre Zwecke zu einer nationalen Gedenkstätte zu stilisieren. Sie blieb bis 1945 unvollendet. Heute erinnern vor allem noch Teile der Ringmauer, die Fundamentmauern des Palas und die unteren Teile des später erhöhten Bergfrieds an die Stauferzeit.

Hohbarr (Haut-Barr), Burg

Die heutige Burgruine Hohbarr bei Zabern gehörte ehedem zu einer der größten Burganlagen des Elsass. Auf dem Konstanzer Konzil 1414 wurde sie aufgrund ihrer beherrschenden Lage erstmals „Oculus Alsatiae" („Auge des Elsass") genannt. Burg Hohbarr ist eine typische Felsenburg, die in strategischer Lage 470 Meter über dem Tal der Zorn auf bzw. zwischen drei Felsen errichtet wurde. Zwischen 1168 und 1171 erwarb der Straßburger Bischof Rudolf von Rottweil von der Abtei Maursmünster den sogenannten „hinteren Marktfelsen", um ihn zu befestigen. Dies geschah auf Veranlassung von Kaiser Friedrich Barbarossa. Der neu erworbene Felsen grenzte an eine bereits seit dem frühen 12. Jahrhundert bestehende Burg an, die sich bereits im bischöflichen Besitz der Straßbur-

Burg Hohbarr

ger befand und nun zu einer dreigliedrigen Gesamtanlage ausgebaut wurde. Burg Hohbarr diente den Straßburger Bischöfen im 13. und 14. Jahrhundert teilweise als Residenz. Von der im Dreißigjährigen Krieg teilweise geschleiften und in der Französischen Revolution 1789 zerstörten Anlage sind Teile erhalten, darunter die in ihrem Kern romanische Burgkapelle am Fuß des Nordfelsens. Die glatten Sandsteinquadermauern des einschiffigen Baues sind durch Lisenen, Maskenkonsolen sowie Rundbogenfriese gegliedert. Das Herz der Burganlage bildete ein polygonaler Wohnturm aus Buckelquadern, von der eine Fensterstellung zweier Doppelfenster mit seitlich und in der Mitte eingestellten Säulen erhalten ist.

Landsberg, Burg

Eines der bedeutendsten Beispiele staufischer Burgenarchitektur findet man in der auf einem Ausläufer des Odilienberges errichteten heutigen Burgruine Landsberg. Um 1200 wird die heutige Burg im Zusammenhang mit dem Ritter Conrad von Landsberg, der ein zugehöriges Grundstück von der Abtei Niedermünster erworben hatte, erstmals urkundlich erwähnt. Nach Ansicht der neueren Forschung (Biller/Metz: Der spätromanische Burgenbau im Elsaß) sind alle Annahmen zu früheren Erwähnungen, wie die des Jahres 1144, nachweislich falsch. Um 1200 entstand auch die äußerst regelmäßig angelegte Kernburg mit ihrem übereck gestellten viereckigen Bergfried zum Schutz der dahinter liegenden Wohnbauten. Mit diesem architektonischen Charakteristikum stellt die Burg die erste konsequente Entwicklung des Frontturmburgentypus im südwestdeutschen Raum und weit darüber hinaus dar. Vorläufer waren die Burgen von Eger (um oder nach 1167) und Wildenberg (nach 1168), die jedoch das Konzept mit einer Lage des übereck gestellten Bergfrieds innerhalb einer ausgedehnten Ringmauer noch nicht so konsequent umsetzen. Bis in die Gegenwart blieben von der um 1250 erweiterten Anlage wesentliche Teile erhalten. Dazu gehören ein wie die ganze Hauptburg mit Buckelquadern verblendetes großes Wandstück des dreigeschossigen Palas samt spitzbogigem Portal, gekuppelte Rundbogenfenster mit profilierten Zwischenstützen sowie ein fein gegliederter Kapellenerker mit halbrunder Apsis, der seinerseits dem Erker auf der Reichsburg Trifels ähnelt. Die Fenster der Apsis sind als Kreis und Kreuz ausgebildet, während Konsole und Bedachung beide in Stein ausgeführt sind und die Form glatter Halbkegel aufweisen. Anders als die für den staufischen Wehrbau charakteristischen Buckelquader der Fassade weist die Kirchenapsis glattes Quaderwerk auf, so dass schon durch das unterschiedliche Mauerwerk die Bedeutung des einstigen Sakralraumes hervorgehoben wurde. Der einstige Saal wird heute auf der Südseite noch durch vier Doppelfenster markiert, denen im Innern vier große von Säulen getragene Nischen entsprechen. Die Kapitelle der Säulen weisen dabei stilistische Ähnlichkeit mit gleichen Motiven des Klosters auf dem Odilienberg, dem heiligen Berg des Elsass, auf.

Im Mittelalter hieß dieses Kloster Hohenburg. Durch Friedrich I. Barbarossa erhielt es den Rang einer Reichsabtei und wurde zu einer bevorzugten Pflegestätte staufischer Kultur. Zu den herausragenden Persönlichkeiten gehörte Herrad von Landsberg, eine der geistvollsten Frauen der Stauferzeit. Sie stand der Reichsabtei Hohenburg von 1167 bis 1195 als Äbtissin vor und verfasste hier mit dem „Hortus deliciarum" eine Enzyklopädie

Burg Landsberg von Osten (Foto: Thorsten Schlachter)

Hohkönigsburg von Südwesten (Foto: Tobias Helfrich)

höfischer Kultur und theologisch-philosophischer Weltschau.

Hohkönigsburg (Haut-Koenigsbourg), Burg

Der 774 in einer Schenkungsurkunde Karls des Großen erwähnte Stophanberch (Staufenberg) erhielt mit dem 1147 erstmals erwähnten „castro Estufin" als staufische Reichsburg eine neue Bedeutung. Von der späteren Hohkönigsburg konnten die Orte und Handelswege in diesem Teil des Oberrheingrabens beherrscht werden.
Eine erste Burg war bereits 1114 entstanden, als Herzog Friedrich II. (der Einäugige) von

Hohkönigsburg mit Kernburg, Bergfried und Blick in die Rheinebene im Hintergrund (Foto: F. Schwarz)

Schwaben und Elsass unter Missachtung der kirchlichen Besitzrechte mit dem Bau begann. Friedrich II. gehörte bereits zum bedeutenden Geschlecht der Staufer, das im Elsass reich begütert war und mit dem „castrum Estufin", der späteren Hohkönigsburg, sowie der Burg Rappoltstein seine Herrschaft gegen die Grafen zu Egisheim als mächtige Rivalen verteidigen wollte. Allerdings gab sich der Abt von Saint-Denis nicht mit der Burg auf seinem Territorium zufrieden und wandte sich im Todesjahr Friedrichs des Einäugigen (1147) über Otto von Deuil während des Zweiten Kreuzzuges an den französischen König Ludwig VII. Dieser sollte sich beim deutschen König Friedrich III. für die Abtei Saint-Denis verwenden, so dass die Rechte des Abtes an der Burg Estufin gewahrt blieben. Das ist insofern interessant, da der Bericht von 1147 als Besitzer der beiden Burgtürme just König Konrad III. und seinen Bruder Friedrich II., Herzog von Schwaben, bzw. nunmehr dessen Sohn und Nachfolger Herzog Friedrich III., den späteren Kaiser Friedrich I. Barbarossa nennt. Die Burg gehörte zum Familiengut der Staufer. Von den beiden Türmen blieb einer im später wiederhergestellten Bergfried erhalten, während sich der zweite an der Stelle des heutigen Westbollwerks befand. Beide Burgteile – die sogenannte Ost- bzw. Westburg – hatten einen eigenen Palas. Aus staufischer Zeit sind nur ein Fenster und ein Tor mit Löwenwappen erhalten. Zwischen 1192 und 1442 wurde durch Burg abwechselnd Burg Staufen oder Burg Königsberg genannt. Als Besitzer tauchten zunächst die Edelfreien von Königsberg auf, die die Burg von den Staufern als Lehen erhielten. Mit dem Niedergang der Staufer in der ersten Hälfte des 13. Jahrhunderts brachten sich die Herzöge von Lothringen in den Besitz der seit dem 17. Jahrhundert „Hohkönigsburg" genannten Anlage.

Girbaden (Guirbaden), Burg

Zu den ausgedehnten und größten stauferzeitlichen Burganlagen des Elsass gehört die Burg Girbaden bei Mollkirch. Sie liegt auf einem 565 Meter hohen Bergvorsprung der Vogesen über dem Tal der Magel. Erstmals urkundlich erwähnt wurde die Burg Girbaden als „Girbadun" 1137 als Besitztum der Grafen von Dagsburg-Egisheim. Ihnen diente die Anlage zum Schutz der nahen Benediktinerabtei Altdorf bei Molsheim, dem Hauskloster des Grafenhauses. Als Graf Hugo von Dagsburg 1162 die Horburg belagerte und den Befehl Friedrichs I. Barbarossas, von der Belagerung der Burg Horburg abzulassen, missachtete, zerstörte Friedrich I. dessen Burg Girbaden und befreite die in Horburg Gefangenen. Als 1212 der letzte Graf von Dagsburg verstorben war, gelangte Burg Girbaden über dessen Tochter an den Herzog von Lothringen. Dieser verlor sie je-

Girbaden, Bergfried der Oberburg (Foto: Jean-Luc Schmitt)

doch 1219 in einer kriegerischen Auseinandersetzung an König Friedrich II. Dessen Sohn Heinrich VII. verzichtete jedoch bereits 1226 zugunsten des Bischofs von Straßburg auf die mittlerweile bedeutend erweiterte Anlage. Nach 1219 hatte Friedrich westlich der bestehenden Burg einen Neubau anfügen lassen, der als „Castrum Novum ante Girbanden noviter constructum" Erwähnung fand. Die lang gestreckte Anlage gliedert

Girbaden, Ruine der Oberburg (Foto: Jean-Luc Schmitt)

sich in drei Abschnitte, wobei sich die Oberburg an der höchsten Stelle befindet. Westlich schließt die durch eine Sperrmauer geteilte Vorburg an. Ihr Grundriss bildet ein unregelmäßiges Sechseck. Diese Vorburg geht auf Friedrich II. von Hohenstaufen zurück. Neben der dem heiligen Valentin geweihten Burgkapelle befand sich hier ein zweiter Bergfried sowie ein eigener Palas, der besonders aufwändig gestaltet war. Dazu gehörte der in sehr ebenmäßiger Technik ausgeführte Buckelquaderverband der Außenmauern ebenso, wie die Bogenstellung der hofseitigen Längswand, die ursprünglich einen Altan trug. Die Außenmauern des Saales im Obergeschoss waren weitgehend in Fensterarkaturen aufgelöst. Rundbogige, in der Mitte unterteilte Fenster mit abgetreppten Gewänden innen und außen, die mit je zwei Säulen besetzt waren, bestimmten das Erscheinungsbild. Die Konzeption zeigt burgundische Einflüsse, die sich auch in der Bauplastik und deren Schmuckformen widerspiegelte. Stilistische Verwandtschaft zeigt sich in Schlettstadt, Rosheim und am Basler Münster.

Thüringer Burgen

Gleich vier Burgen bildeten geopolitisch die „thüringische Achse", von der aus die ludowingischen Landgrafen von Thüringen ihr mitteldeutsches Territorium regierten und verwalteten. Mit Wartburg, Runneburg, Eckartsburg und Neuen-

burg reicht der Blick heute bis nach Sachsen-Anhalt. Mit den vier Burgen sicherten die Landgrafen für das Königtum die wichtigen Verkehrslinien vom Maintal durch Thüringen bis nach Sachsen. Als Wahrer der königlichen Rechte in ihrem Reichsgebiet nahmen sie unmittelbar an den Reichsgeschäften teil, wozu die Ausübung des Landfriedensgerichtes ebenso gehörte, wie die Aufsicht über den Wald, den Wildbann, die Gewässer und Bergwerke, über Münzen, Maße und den Zoll.

Mit Ludwig dem Bärtigen aus einer Nebenlinie der Grafen von Rieneck findet sich der erste greifbare Vertreter der später so berühmten Ludowinger. Er gründete um 1040 oberhalb von Friedrichroda und unweit des späteren Hausklosters Reinhardsbrunn die Schauenburg inklusive einer kleinen Rodungsherrschaft. Sein Sohn oder Enkel Landgraf Ludwig der Springer gilt als Gründer der Wartburg. Die beispielhafte Entwicklung des Geschlechts fand ihren Höhepunkt in der Wahl Heinrich Raspes IV. zum Gegenkönig 1246. Im Jahr 1131 wurden die Ludowinger zu Landgrafen erhoben und mit den Herzögen gleichgestellt sowie in der Folge in den Reichsfürstenstand erhoben. Die Erhebung verdankten die Ludowinger der Unterstützung Lothars III. von Supplinburg bei dessen Wahl zum deutschen König 1125 gegen die als Erben des salischen Hausguts noch von Kaiser Heinrich V. eingesetzten Staufer. Der elterlichen Opposition folgte mit dem

Eckartsburg

um 1128 geborenen Sohn Ludwig II., dem Eisernen, ein Landgraf, der als bedeutendster Bauherr der Thüringer Landgrafen in die Geschichte einging. Unter Landgraf Ludwig II. entstand etwa zwischen 1156 und 1162 der Palas, die östliche Ringmauer und Teile des Torhauses. 1172 wurde das Landgrafenhaus errichtet. Seine Ehe mit Jutta Claritia (um 1133/34–1191) im Jahr 1150 hatte Ludwig II. in die unmittelbare Nähe der Macht gebracht. Jutta war die Tochter des Stauferherzogs Friedrichs II. von Schwaben und Halbschwester von Kaiser Friedrich Barbarossa. Die politische Ehe brachte den Staufern eine Stärkung in der Auseinandersetzung mit den Welfen unter Heinrich dem Löwen. Im Jahr 1168 begann Jutta mit dem Bau der Runneburg bei Weißensee. Auf halbem Weg zwischen den beiden ludowingischen Grenzfesten der Wart-

burg und der Neuenburg wurde die Runneburg zur Residenz der Thüringer Landgrafen. Auch nach dem Tod Ludwigs II. 1172 förderte dessen Witwe Jutta den Ausbau der Runneburg. Besondere Verbindungen zeigen der Palas der Runneburg und der der Wartburg in ihrer Disposition, wobei die „architektonische Komplexität" im Vergleich zur Wartburg auf der Runneburg sogar noch übertroffen wurde. In beiden Fällen werden dieselben Bauhütten vermutet. Vergleiche insbesondere zur Bauornamentik der Runneburg, aber auch der Wartburg und der Neuenburg finden sich im Rhein-Maas-Gebiet, etwa in der Doppelkapelle von Schwarzrheindorf, in Brauweiler oder Maastricht. In den Auseinandersetzungen zwischen Kaiser Friedrich I. Barbarossa und Herzog Heinrich dem Löwen geriet die Runneburg 1180 ins

Visier des Welfen, der die Anlage verwüstete. Eine offene Feldschlacht Landgraf Ludwigs III., Nachfolger seines Vaters Ludwigs des Eisernen, endete folgenschwer. Sowohl er als auch sein Bruder Hermann sowie 600 Ritter gerieten in Gefangenschaft der Welfen. Die Burg geriet erneut zur Zielscheibe, als sie 1204 von König Philipp von Schwaben während des staufisch-welfischen Thronstreites (1198–1218) belagert wurde. Neben Wartburg und Runneburg spielte die Eckartsburg oberhalb von Eckartsberga eine besondere Bedeutung für die Ludowinger. Häufige Aufenthalte verbinden sich vor allem mit den Namen Landgraf Ludwigs III. und seines Bruders und Nachfolgers Hermanns I. Unter Hermann I., Pfalzgraf von Sachsen, entstand die heutige Kernburg in der Zeit um 1200. Ein Vorgängerbau an anderer Stelle wurde von Markgraf Ekkehard I. von Meißen errichtet, dessen plastisches Bild dem Betrachter neben dem seiner Frau Uta im Dom von Naumburg vor Augen tritt. 1121 befand sich diese Burg im Besitz Landgraf Ludwig des Springers. Der Grundriss der heutigen Eckartsburg erinnert entfernt an den der Burg Wildenberg. Sehr eng mit dem Geschlecht der Ludowinger verbunden ist die Neuenburg oberhalb von Freyburg an der Unstrut. Das Gebiet um Freyburg und Naumburg war kurz nach 1085 an Landgraf Ludwig den Springer gelangt und zwar durch die Heirat mit

Adelheid, der Witwe des ermordeten Pfalzgrafen Friedrich. Ludwig ließ gegen 1090 die Burg errichten und festigte damit seine neu errungene Stellung an Saale und Unstrut. Ähnlich wie der ihrer berühmten „Schwester" Wartburg, verbindet sich auch der Name der Neuenburg eng mit dem Namen der Landgräfin Elisabeth (später: heilige Elisabeth). Auf Einladung Hermanns I. weilte der Dichter und Minnesänger Heinrich von Veldeke auf der Neuenburg und vollendete dort um 1185 seinen Eneasroman „Eneit" als erstes Versepos in mittelhochdeutscher Sprache. Sowohl Kaiser Friedrich I. Barbarossa als auch Kaiser Friedrich II. förderten den Ausbau der ludowingischen Landesherrschaft. Besonders durch die Belehnung Ludwigs III. mit der Pfalzgrafschaft Sachsen durch seinen Onkel Friedrich I. Barbarossa wurde der Herrschaftsbereich der Ludowinger nach Osten bedeutend erweitert. Ludwig übertrug die Pfalzgrafschaft auf seinen Bruder Hermann, der sowohl die Eckartsburg als auch die Neuenburg prachtvoll ausbauen ließ. Unter seiner Herrschaft wurden Palas und Doppelkapelle der Neuenburg vollendet. Nach Erlöschen des landgräflichen Geschlechts und dem Thüringischen Erbfolgekrieg 1247 bis 1262 fiel die Neuenburg mit Freyburg an die wettinischen Markgrafen von Meißen, die den Titel „Landgrafen von Thüringen" weiterführten.

DIE STAUFER IM NORDREICH: KIRCHEN UND KLÖSTER

D ie Bischofsstädte Mainz, Worms und Speyer wurden in der Zeit der Staufer maßgeblich privilegiert. Die Privilegien wie das Wormser Freiheitsprivileg Kaiser Friedrichs I. Barbarossas von 1184 hat man allesamt sichtbar an den Kirchenbauten angebracht. Als geistliche Reichsfürsten waren die Bischöfe von Worms und Speyer neben dem Erzbischof von Mainz wich-

tige Glieder des mittelalterlichen Feudalstaates und fest mit ihm verwoben. Offiziell trennte die sogenannte Zweischwerterlehre geistliche und weltliche Herrschaft, doch sollten sich beide, als unmittelbare Vasallen Gottes, wechselseitig helfen und in einträchtigem Zusammenwirken für das Wohl der Christenheit sorgen. Kodifiziert wurde dies um 1220 in Eike von Rep-

Mainz, Dom, Blick auf Ostchor und Ostquerhaus

Mainz, Dom, Ansicht von Nordwesten

gows berühmtem „Sachsenspiegel". Die Stauferherrscher mussten auf die Hilfe der Kirche ebenso vertrauen, wie die Bischöfe auf den König. Die gegenseitige Verpflichtung manifestierte sich in zahlreichen Hoftagen, die an den Bischofssitzen stattfanden, wie etwa dem berühmten Mainzer Hoftag des Jahres 1184. Natürlich versuchten die Staufer wie zuvor die Salier insbesondere die Domkirchen für ihre machtpolitische Demonstration zu nutzen, z.B. durch die Weiterführung der Grablege in Speyer und die Memoria, das Totengedenken etwa in Form von Gebetsbruderschaften. Hier wie im Hauskloster Lorch in Württemberg bildeten sich in staufischer Zeit geistig-geistliche Zentren heraus, die für die Darstellung von Herrschaft wichtig waren. Stil-

verbindend hat vor allem die Wormser (Bau-)Schule gewirkt, die über das für die Stauferzeit charakteristische Bild der flachgedeckten Basilika wie der Gewölbebasilika im gebundenen System hinaus stiltypische Merkmale entwickelt hat, die über Worms und das oberrheinische Kerngebiet hinaus charakteristisch wurden.

Mainz, Dom

Die „Gesta Friderici Ottonis Episcopi Frisingensis et Rahewini" des Bischofs Otto von Freising und seines Kapellans Rahewin liefern für die zweite Hälfte des 12. Jahrhunderts einanschauliches Bild des staufischen Mainz: „Die [...] große und mächtige Stadt liegt am Rhein und ist auf der Seite, mit der sie ihn berührt, dicht bebaut und bevölkert. […] Die Stadt ist ungeheuer in die Länge gestreckt und nicht sehr breit. […] Daher ist sie in der Nähe des Rheins von feinen Gotteshäusern und weltlichen Bauwerken bedeckt". Zu diesen „feinen Gotteshäusern" gehörte seinerzeit bereits der mächtige Dom von St. Martin. Er war erst rund zwei Jahrzehnte vor dem Entstehen der Chronik (am 4. Juli 1239) in Anwesenheit von König Konrad IV. geweiht worden. Doch nicht der jugendliche Sohn Kaiser Friedrichs II. vertrat den Kaiser, sondern sein Vormund, der Mainzer Erzbischof Siegfried III. als Reichsprokurator. Mit der Weihe von 1239 war der seit dem Jahr 1090 andauernde Umbau des Gotteshauses abgeschlossen. Als Sitz des Primas Germaniae, des Erzkanzlers des Heiligen Römischen Reiches Deutscher Nation, kam dem Mainzer Dom eine herausragende Bedeutung zu. Die Weihe des Gotteshauses 1239 zeigt zugleich die Verwobenheit des kirchlichen Würdenträgers mit den staatlichen Ämtern und Aufgaben.

So kam dem Dom, der zu den bedeutendsten Kirchenbauten des deutschsprachigen Raumes gehört, eine wichtige Bedeutung für die zahlreichen Königskrönungen zu, etwa am 9. Dezember 1212, als hier Friedrich II. gekrönt wurde.

Ab 1100 erfolgten nach dem Vorbild Speyers umfangreiche Neubaumaßnahmen. In die Stauferzeit fallen dabei vor allem die Erneuerung des Westquerhauses und des trikonchalen Westchores in der Zeit von 1190 bis 1239. In dieser Zeit wurden auch die Hochschiffgewölbe und Kreuzrippen sowie Teile der Seitenschiffgewölbe erneuert und der heute abgängige Lettner des Naumburger Meisters geschaffen. Die Gewölbe des Hauptschiffes wurden als moderne, spitzbogige Kreuzrippengewölbe mit Schlusssteinen ausgeführt, während in den Seitenschiffen schlichte Gratgewölbe entstanden. Insbesondere der Westchor gehört mit seiner Originalität und seinem künstlerischen Wert zum Schönsten, was die Spätromanik geschaffen hat. Allerdings wurde dieser Teil nach einem Brand 1767 erneuert.

Mainz ist unter der Herrschaft der Staufer mehrfach Ort von Hoftagen gewesen. Unvergessen ist dabei der wohl pracht-

Mainz, Dom, Blick vom Kreuzgang zum westlichen Vierungsturm, um 1200–39, 1480–90, 1769–74

vollste Hoftag des Hochmittelalters zu Pfingsten 1184, bei dem die Söhne Friedrich Barbarossas ihre Schwertleite erhielten. Sowohl in Chronik wie in der Dichtung wurde die Pracht des Mainzer Hoftages von 1184 gerühmt. Rund 40.000 Besucher kamen seinerzeit an den Rhein – zum wohl größten Fest des Mittelalters und Höhepunkt ritterlicher Lebensweise sowie der Machtentfaltung der Staufer.

Worms, Dom St. Peter und die Wormser Bauschule

Sowohl in der Reichspolitik der Salier als auch der der Staufer gehörte Worms im 12. und 13.

Worms, Dom, Nordportal mit Ansätzen einer nicht ausgeführten Vorhalle, darüber in Bronze gegossenes Kaiserprivileg von 1184

Jahrhundert zu den führenden Städten und Stützpunkten der Kaiser und Könige. Dabei wurde das Stadtgebiet erheblich vergrößert und erhielt einen gewaltigen, turmbewehrten Mauerring mit zahlreichen Toren. Auch der Dom St. Peter geht in seiner heutigen Gestalt auf einen Neubau der frühen Stauferzeit zurück. 1125 ließen Bischof Burchard II. – genannt Buggo – und sein Nachfolger Konrad II. den Dom nach und nach abreißen und in den Formen der Hoch- und Spätromanik neu errichten. Auf Bischof Buggo gehen unter anderem die Klostergründungen von Groß- und Kleinfrankenthal sowie von Schönau bei Heidelberg zurück. Bei den Gründen, die zur Neuerrichtung des Domes geführt haben, gehen die Forschungsmeinungen auseinander. Neben baulichen Schäden am Vorgängerbauwerk wird vor allem die gewandelte Baugesinnung zu Beginn der staufischen Herrschaft vermutet. Der Neubau des Domes erfolgte zwischen 1125 und 1181 in drei Abschnitten:

1. 1125–1144: Ostteil des Domes mit Querschiff, Türmen und Vierungsturm,
2. 1160–1170 der dreischiffige Hauptteil,
3. 1171–1181: Westchor mit den Türmen und dem Chorturm.

Der Neubau des Domes war noch unter König Lothar II. von Supplinburg begonnen worden. Sowohl der erste als auch der zweite Bauabschnitt unter dem

Worms, Dom, polygonaler Westchor mit Chorturm und Chorflankentürmen, 12. Jahrhundert und 1906/07

Stauferkaiser Friedrich I. Barbarossa stehen stilistisch unter dem Einfluss des heutigen Speyerer Doms (Speyer II).

Am 2. Mai 1181 wurde der fertig gestellte Petersdom in Gegenwart des Kaisers durch den Trierer Erzbischof geweiht. Im Unterschied zu dem 1000 bis 1025 entstandenen Vorgängerbau des sogenannten Burcharddomes hatte man den Westbau aus der Flucht der Türme he-

raus weiter nach Westen vergrößert und eine doppelchörige, im gebundenen System gewölbte Basilika mit östlichem Querschiff geschaffen. Der im Wesentlichen auf den alten Fundamenten ruhende Neubau hat eine innere Länge von 108 Metern, wovon das Langhaus 58 Meter umfasst. Bedingt durch das von Osten nach Westen ansteigende Terrain weisen die Osttürme eine Höhe von 65 Metern, die Westtürme eine Höhe von

Worms, Dom St. Peter und die Wormser Bauschule

Worms, Dom, Blick vom Westchor zum Ostchor

Worms, Dom, Blick zum Hochaltar von Balthasar Neumann (1738–43) im Ostchor, im Vordergrund das Chorgestühl (1755/56) des Mainzer Hofschreiners Franz Anton Hermann

58 Metern auf. Bereits 1184 wurde das Nordportal für die Anbringung eines Stadtfreiheitsprivilegs Kaiser Friedrichs I. Barbarossas verändert. Das Nordportal besaß eine herausragende Funktion, denn es diente als Hauptportal des Domes, durch das neben dem Bischof und Kaiser auch die herausragenden Persönlichkeiten in den Dom einzogen. Die Kapellzone des Portals zeigt zur Linken Blattkapitelle mit Menschenköpfen, zur Rechten hervorragend gearbeitete Adlerkapitelle. 1981 wurde diese Zone durch den Wormser Künstler Gustav Nonnenmacher neu gestaltet. Gegen 1300 erfolgten dann die Erneuerung des Südportals im Stil der Gotik, die Erneuerung und Vergrößerung der frührommanischen Nikolauskapelle sowie der Anbau der Annen- und der Georgskapelle. Das in Erz gegossene Stadtfreiheitsprivileg Kaiser Friedrich Barbarossas wurde mitsamt dem Dom 1689 von den Franzosen im Orléanschen Krieg zerstört.

Bis heute ist die spezifische Architektur der Stauferzeit am Dom ablesbar geblieben. Sie verbindet sich mit dem Namen „Wormser Bauschule", mit der spezifische Merkmale von Bau- und Schmuckformen der Stauferzeit weit über die Grenzen von Worms und den Sakralbau hinaus verbunden werden. Charakteristika der Wormser (Bau-) Schule sind die Beachtung bestimmter Proportionsgesetze im Kirchenbau sowie die weitgehende Verwendung spezifischer Maßeinheiten. Grundlagen für

das Bauwerk bildeten das gleichseitige Dreieck, Quadrat, Fünf- und Achteck. Hinzu kamen verbindliche Raummaße, Proportionsgesetze sowie einheitliche Kriterien, die das Erscheinungsbild des Gebäudes betrafen, darunter die Errichtung von Mauern im Quaderverband (im Burgenbau etwa in den charakteristischen Buckelquadern) sowie die Gliederung eines Gebäudes in der Horizontale und Vertikale: durch Gesimse, Zahnschnittbänder und Rundbogenfriese bzw. durch Fenster und Lisenen. Damit nicht genug: Zur Gestaltung kamen fest entwickelte Kapitelltypen samt wiederkehrender Ornamentformen (z. B. die Adlerkapitelle), Säulen und Stufenportale.

Lorsch, Kloster

Mit der karolingischen Tor- oder Königshalle blieb das heute beeindruckendste architektonische Zeugnis des einstigen Klosters Lorsch erhalten. Über ihre genaue Entstehung schweigen die frühmittelalterlichen Quellen. Die frühesten Nachrichten über die Errichtung und das Aussehen der einzelnen Klostergebäude sind durch das „Chronicon Laureshamense" und das „Lorscher Totenbuch" überliefert. Dabei handelt es sich um zwei mittelalterliche, in Lorsch entstandene Quellen, in denen die Bautätigkeit der einzelnen Äbte allerdings nur ausschnittweise überliefert ist. Einzig von einer „ecclesia varia" – einer „Bunten Kirche" – ist dort die Rede, die zwischen 876 und 882 als Grabkapelle der ostfränkischen Könige entstand. Es scheint also ein zweites, vermutlich sogar zeitgleich entstandenes Gebäude gegeben zu haben, das eine ähnliche äußere Erscheinung wie die Torhalle aufwies. Nähert man sich heute dem Klosterkomplex, der vor 764 als Eigenkloster der Adeligen Williswinth und ihres Sohnes Cancor gegründet wurde und 772 als Schenkung an den späteren Kaiser Karl den Großen gelangte, so trifft man als Erstes auf den zweigeschossigen Bau mit seinem heute hohen Satteldach, den halbrunden Treppentürmen zu beiden Seiten und der charakteristischen Fassade. Das Gleichmaß der architektonischen Elemente, die durch Halbsäulen, Kapitelle, Friese, Pilaster, Dreiecksgiebel und Traufgesims plastisch hervortreten, beeindruckt und verleiht dem Bauwerk zusammen mit den flächigen Ornamenten weißer und roter Steine Harmonie und Würde.

Im Jahr 764 schenkten Graf Cancor und seine Mutter Williswinth das von ihnen gegründete Kloster Bischof Chrodegang von Metz, der die Niederlassung von Mönchen aus Gorze besiedeln ließ. 765 vermittelte er Reliquien

Einstige Lorscher Klosterburg: Burgruine Starkenburg oberhalb von Heppenheim

des römischen Märtyrers Nazarius nach Lorsch. Damit hatte er die Voraussetzung für eine im Frankenreich bis dahin beispiellose Welle von Schenkungen geschaffen, die Lorsch bald zu einem der reichsten monastischen Zentren östlich des Rheins anwachsen ließen. Der Streubesitz des Klosters erstreckte sich vom Mündungsgebiet des Rheins bis südlich des Bodensees und verfügte über eine Konzentration im Rhein-, Main- und Neckargebiet sowie im Elsass, im Nahe-, Worms- und im Speyergau. Bedingt durch das rasche Wachstum der Abtei war 767 die Verlegung an den heutigen Standort nötig geworden. 774 wurde die Basilika im Beisein Karls des Großen durch den Mainzer Bischof Lul geweiht. Das Mutterkloster bestand weiter und diente ab 1071 als Filiale des neuen Klosters. Filialklöster von Lorsch bestanden auf dem Heiligenberg bei Heidelberg, in (Michelstadt-)Steinbach und in Neuburg bei Heidelberg. Das unter Kaiser Ludwig dem Frommen der anianischen Reform eingegliederte Kloster schloss sich gegen 842 König Ludwig dem Deutschen an, der Lorsch zur Grablege für sich und seine ostfränkische Dynastie bestimmte. Dessen Sohn Ludwig der Jüngere ließ die Klosteranlage erweitern. Unter König Ludwig dem Jüngeren entstand die eingangs erwähnte „Bunte Kirche" und vermutlich die Torhalle. Zwischen 895 und 976 wurde die Abtei durch die vom König bestimmten soge-

Lorsch, ehem. Klosterkirche St. Peter und Paul und St. Nazarius, 9. und 12. Jahrhundert

nannten Kommendataräbte geleitet, darunter Brun I. von Köln, Bruder Kaiser Ottos des Großen. Unter Abt Brun fand Lorsch 951 Anschluss an die von Gorze ausgehende Reformbewegung. Infolge der Verwicklung der Abtei in die Wirren um den Investiturstreit, einer Brandkatastrophe im Jahre 1090 und durch die drückenden Lasten des Königsdienstes vor allem unter Heinrich V. und Lothar III. kam es zum allmählichen Niedergang des Klosters. Aus der Zeit nach dem Klosterbrand am 21. März 1090 stammt der erhaltene Rest des Mittelschiffs der Klosterbasilika mit Fragmenten einer um 1070 errichteten Doppelturmfassade. Die Staufer beanspruchten seit 1196 die Vogteirechte für das Territorium des Klosters

Lorsch, das sich zu jener Zeit auf dem letzten Höhepunkt seiner politischen Macht befand und wirtschaftlich prosperierte. Die Anlagen des Klosters nahmen vermutlich die größte Ausdehnung in ihrer Geschichte ein. Die Immunität, die Kloster Lorsch als Reichsabtei genoss, schien immer wieder gefährdet, doch verteidigten die Pfalzgrafen bei Rhein als vormalige Vögte Lorsch gegen die Staufer. Um diesen machtpolitischen Einfluss zu unterbinden, übertrug Kaiser Friedrich II. Kloster Lorsch 1232 an das Erzstift Mainz. Das verlor dadurch seine Stellung als Reichsabtei zugunsten eines einfachen Bischofsklosters. Die sich widersetzenden Be-

nediktiner wurden aus Lorsch vertrieben und durch Zisterzienser ersetzt. Erst nach einem 1247 beigelegten Konflikt zwischen dem Erzstift und Pfalzgraf Otto von Wittelsbach gelang die Umwandlung der Propstei in ein Prämonstratenserkloster. Die Klosterbrüder kamen aus Allerheiligen im Schwarzwald nach Lorsch. Pfalzgraf Otto hatte die Neubesiedlung durch Mönche aus Eberbach erfolgreich verhindert. Im Zuge der Reformation ließ Kurfürst Ottheinrich das seit 1461 an die Pfalz verpfändete Kloster aufheben. Die kurpfälzische Verwaltung endete 1623. Zwei Jahre zuvor war das Kloster in Flammen aufgegangen.

Lorsch, Kloster, Königshalle, 9. Jahrhundert

Speyer, Dom, Ansicht von Süden

Speyer, Dom

Der Speyerer Dom prägt bis heute das Stadtbild in eindrucksvoller Weise. Zur Zeit seiner Errichtung war er der größte Kirchenbau des Abendlandes und ist bis heute eines der bedeutendsten Bauwerke mittelalterlicher Architektur in Europa geblieben. Als im Jahr 1024 das sächsische Kaiserhaus der Ottonen mit Kaiser Heinrich II. ausgestorben war, wählten die Fürsten, die sich dazu in der Nähe von Mainz versammelten, Konrad II. zu seinem Nachfolger. Konrad, Graf im Worms- und Speyergau, gehörte einer der damals führenden rheinfränkischen Familien an. Ein genaues Datum des Baubeginns ist nicht bekannt, wohl aber eine Legende. Hiernach legte Konrad am 12. Juli 1030 den Grundstein für eine neue Klosterkirche auf der Limburg und ritt dann mit Gemahlin und Gefolge nach Speyer, um hier den Grundstein zum Dom und zum St. Johannisstift, dem späteren Guidostift, zu legen. Erst unter Konrads Enkel Heinrich IV. wurde der Bau im Jahr 1061 eingeweiht (sog. „Speyer I"). Dieser Abschnitt umfasste Westbau, dreischiffiges Langhaus samt Querhaus und den von zwei Türmen flankierten Chor. Die Apsis zeigte sich nach außen hin rechteckig, nach innen rund. Der Bau war mit 134 Metern Länge zum größten Gotteshaus der abendländischen Christenheit gewachsen.

Die beiden Zugänge zur Vorkrypta wurden in der Folgezeit zugunsten zweier neuer Stiegen zur Krypta in den Seitenschiffen zugeschüttet. Dadurch entstand ein riesiges, etwa 9 mal 21 Meter großes Gräberfeld, auf dem die Könige hätten noch in Jahrhunderten begraben werden können. Das salische Königtum richtete sich sozusagen über Jahrhunderte ein. Den Auftakt dazu hatte Kaiser Konrad II. gegeben, als er den Dombau als

Speyer, Dom, Ansicht von Osten mit den romanischen Bauteilen (Apsis und Turmuntergeschosse), den spätromanischen Turmhelmen, der gotischen Sakristei und dem 1964 rekonstruierten Giebel

Speyer, Dom, Blick durch das Langhaus nach Osten zum Chor. Der Innenraum wird durch die 1957/61 veranlasste Freilegung des Sandsteinquaderwerks geprägt. Die Abschnürung der Vierung erfolgte 1759.

Stiftergrablege auserkoren hatte. Mit weiteren Bestattungen der Kaiser Heinrich III. und Heinrich IV. nebst Gemahlin wurde der Dom allmählich zur Familiengrablege der Salier – verbunden mit dem Totengedenken und Gebetsverbrüderungen. Bei einem Umbau (sog. „Speyer II") erhielt die Apsis 1082 ihre heutige Gestalt. Die Gründe für die Umgestaltung unter Heinrich IV. können heute nur noch vermutet werden. Man spekulierte lange über mögliche Hochwasserschäden, fand bei Untersuchungen 1931 bzw. 1957 bis 1966 aber deutliche Hinweise auf Baumängel im aufgehenden Mauerwerk. Die Türme blieben jedenfalls bis in die Höhe des Kirchendaches erhalten, ebenso wie die Krypta, die nun ummantelt wurde. Neu errichtet hat man das Querschiff und als bedeutendste und großartigste Maßnahme erfolgte nun die Einwölbung des Mittelschiffs. Statt einer flachen Decke überspannen seitdem Kreuzgratgewölbe mit einer Spannweite von 14 Metern den Raum. Da die Wände des Mittelschiffs für derlei Belastungen nicht ausgelegt waren, musste an jedem zweiten Pfeiler eine zusätzliche Vorlage geschaffen werden. Dadurch erhielt das Langhaus eine vollkommen neue, rhythmisierende Struktur. In der Architektur seiner Gewölbestruktur wurde der Dombau von Speyer für den europäischen Kirchenbau bis weit ins 13. Jahrhundert hinein vorbildhaft. Die Vorbildwirkung basierte auf den besonderen Proportionen des Baues, dessen Mittelschiff mit 14 Metern nahezu doppelt so breit war wie die Seitenschiffe. Dabei nahm jedes quadratische Gewölbefeld die Länge von zwei Seitenschiffjochen ein – im Verhältnis 2:1. Im heutigen Sprachgebrauch spricht man vom „gebundenen System".

Mit der 1076 von Kaiser Heinrich IV. gestifteten Afra-Reliquie entstand eine kleine Ka-

Speyer, Dom, Krypta, 1024 begonnen

pelle an der nördlichen Langhausseite. Im Rahmen dieses Umbaues erhielt der Dom auch eine reiche ornamentale Ausschmückung, die an der Südfassade des Querhauses besonders reichhaltig ausgefallen ist. Im Todesjahr Heinrichs IV., 1106, war der neue Dom mit gewaltigen Ausmaßen fertig gestellt: 134 Meter lang und 43 Meter breit über 40 000 Kubikmeter umbauter Raum. Damit war der Speyerer Dom der seinerzeit größte Kirchenbau des Abendlandes.

Die Staufer setzten die Tradition der Familiengrablege im Speyerer Dom fort, indem sie den erhöhten Bereich im Mittelschiff nach Westen verlängern ließen und mit einer zweiten Reihe von Bestattungen begannen. Die oftmals betonte familiäre Anknüpfung wurde durch die Fortführung der Grablege besonders betont und der Dom zum geistigen Zentrum und Ort der Memoria erhoben. Dazu gehörte die 1152 von Friedrich I. begründete

und seit 1236 sicher nachweisbare Seelenheilstiftung, bei der
täglich die Gemeinschaft der
(zwölf) Stuhlbrüder zusam-
menkam, um im Königschor zu
beiden Seiten der Kaisergräber
200 Vaterunser und Ave Maria
zu beten. Als erste Mitglieder
des Geschlechts der Staufer
wurden 1184 die in Besançon
verstorbene Gemahlin Kaiser

Speyer, Dom, Doppelkapelle
St. Emmeram und Martin (unten)
und St. Katharina (oben)

Friedrichs I. Barbarossas – Beatrix – und ihre Tochter in zwei
Steinplattengräbern beigesetzt.
Die Inhalte fielen offenbar
1689 der Plünderung durch die
Franzosen während des Orlé-
ansschen Krieges zum Opfer.
Den Platz in der Mittelachse
der zweiten Gräberreihe hielt
man vermutlich für Kaiser
Friedrich I. selbst frei, doch
blieb sein Leichnam in Kleinasien zurück und gilt als ver-
schollen. Als letzter Staufer
wurde Philipp von Schwaben,
der jüngste Sohn Barbarossas,
in Speyer bestattet. Das geschah jedoch erst fünf Jahre
nach seinem gewaltsamen Tod
in Bamberg (1208) auf Geheiß
Kaiser Friedrichs II. Er ließ ihn
1213 nach Speyer überführen
und in einem Bleisarg beiset-
zen. Neben Speyer blieb Lorch
die wichtigste Grablege der Staufer. Die Bedeutung als kaiserliche
Grablege blieb auch nach dem
Ende der Stauferherrschaft bis
gegen Ende des 13. Jahrhunderts erhalten. Nach König
Adolf von Nassau († 1298)
wurde mit König Albrecht von
Österreich, dem Sohn Rudolfs
von Habsburg, 1308 der letzte
Herrscher hier begraben. Die
heutige Krypta wurde 1902 angelegt, nachdem die Kaisergräber im Jahr 1900 geöffnet und
wissenschaftlich untersucht
worden waren. Dabei verblie-
ben die Saliergräber an Ort
und Stelle, während die der
Staufer tiefer gelegt werden
mussten, da sie sich zuvor nur
54 Zentimeter unter dem
Estrich des Königschores befunden hatten.

Ellwangen, Basilika St. Vitus (Foto: Alexander Rahm)

Ellwangen, St. Vitus

Als wichtigster Beitrag des Stammlandes zur Architektur der Stauferzeit" charakterisiert der „Dehio" die einstige Benediktinerkloster- und nachmalige Stiftskirche St. Vitus in Ellwangen. Der Kunsthistoriker Georg Dehio bezeichnete St. Vitus gar als „bedeutendste unter den wenig zahlreichen romanischen Gewölbebauten Schwabens". Sie entstand zwischen 1182 und 1233 als dritter Kirchenbau an gleicher Stelle, nachdem ein Vorgängerbau 1182 abgebrannt war. Dieser zweite Bau war erst von 1100 bis 1124 unter dem Abt Helmerich als hochromanischer Neubau entstanden, der neben der Kirche auch die Bauten des Konvents umfasste. Die Weihe dieses Kirchenbaus, der vermutlich weiter westlich stand als der heutige, nahmen 1124 die Bischöfe Hermann von

Ellwangen, St. Vitus, Innenraum nach Osten

Augsburg und Ulrich I. von Konstanz vor. Da das Kloster sich in einer finanziellen Notlage befand, überließ Abt Helmerich Laien Baugrund innerhalb der Klosteranlage. An der südlichen Klostermauer wurden Häuser gebaut und ein Teil der Siedlung Ellwangen mit der Klosteranlage vereinigt; der Stadtgründungsprozess war eingeleitet. Auf den Druck der Mönche musste daraufhin Helmerich zurücktreten. Wie eine erhaltene Anklageschrift zeigt, warfen die Mönche dem Abt vor, durch die Vereinigung des Klosters mit der Siedlung die klösterliche Ruhe gestört zu haben. Das Kloster unterstand von 1124 an direkt dem Papst. In den folgenden Jahren trie-

Ellwangen, St. Vitus, romanische Westfassade

ben die Äbte den Bau des Klosters und der im Jahr 764 gegründeten Siedlung Ellwangen voran. Als Erneuerer des klösterlichen Lebens gilt der vermutlich aus dem Reformkloster Ottobeuren kommende Abt Adalbert I. Abt Kuno I. schuf Ende des 12. Jahrhunderts mit der Wehrburg die Grundlage für das spätere Schloss Ellwangen. Er wurde 1215 der Abt, der den Titel eines Reichsfürsten erhielt und in der Reichspolitik eine bedeutende Rolle spielte. Zu seinen diplomatischen Aufgaben gehörten im Frühjahr 1220 Verhandlungen mit dem Papst in Rom, zu denen ihn König Friedrich II. wegen der bevorstehenden Kaiserkrönung entsandt hatte. Unter dem Naumburger Bischof Engelhard erfolgte am 3. Oktober 1233 die Weihe des nach dem Brand wiedererrichteten Gotteshauses. Anders als beim Vorgängerbau wurde in der dreischiffigen Pfeilerbasilika erstmals auf schwäbischem Boden das Prinzip der flachen Holzdecke durch das der gewölbten Kuppeln ersetzt. Der monumentale Sandsteinquaderbau verfügt über Querschiff, Vorhalle, Krypta, einen stark erhöhten Chor sowie fünf Apsiden. Drei Türme, davon zwei auf der Ostseite sowie ein dritter als Dachreiter im Westen, prägen das äußere Erscheinungsbild des 73 Meter langen Baues der Basilika minor.

Rothenburg, Blasiuskapelle

Die Blasiuskapelle ist heute letztes Zeugnis der völlig zerstörten Reichsburg von Rothenburg ob der Tauber. Die Bedeutung des Ortes unterstrichen König Konrad III., dessen Sohn Friedrich „das Kind von Rothenburg"/ „der Schöne" († 1167) wie auch Barbarossas Sohn Konrad, indem sie allesamt den Titel eines Herzogs von Rothenburg führten. 1116 war Rothenburg durch Kaiser Heinrich V. in den Besitz der Hohenstaufen gekommen, als dieser seinen Neffen Herzog Konrad von Schwaben mit der Burgsiedlung belehnt hatte. Als Konrad 1137 König wurde, regierte er von Rothenburg aus und ließ vor der alten Grafenburg die „Kaiserburg" neu errichten. Das Gebäude nahm jedoch am Lukastag 1356 bei einem Erdbeben derart Schaden, dass man es abtrug. Bis ins 19. Jahrhundert blieb von der Stauferburg der Bergfried (sogenannter Pharamundsturm) erhalten, dann fiel auch er dem Abbruch zum Opfer. Allerdings blieb bis heute die einstige Ummauerung der an einem Bergsporn gelegenen Anlage auf den drei Talseiten erhalten, zudem der untere Teil des Tors an der Westseite. Der einheitliche Kapellenraum von St. Blasius entstand erst um 1400. Er zeigt in seinem unteren Bereich mächtiges Buckelquadermauerwerk, während die oberen Teile glatt gefügt sind. In dieser Kapelle wird der Rest des um 1220 errichteten Palas vermutet.

Schlettstadt, St. Fides

Stilistische Einheitlichkeit und ausgewogene Proportionen prägen den Kirchenbau von Sankt Fides in Schlettstadt (frz. Sélestat, Ste-Foy). Das Gotteshaus im elsässischen Département Bas-Rhin gehört zu denjenigen Kirchenbauten, die urkundlich belegbar mit den Staufern in engster Verbindung standen. Zur Kirche gehörte ursprünglich ein Kloster, dessen Gründung Gräfin Hildegard von Egisheim-Dagsburg (um 1028 – Herbst 1094) im Anschluss an eine Wallfahrt beschlossen hatte. Die Tochter des Grafen Gerhard III. von Egisheim-Dagsburg gehörte

zu einer der vornehmsten Familien im Elsass. Ihr Onkel väterlicherseits war Bischof Bruno von Toul, der spätere Papst Leo IX. Über ihre Mutter Bertha war sie eine Urenkelin König Konrads III. von Burgund. Und damit nicht genug: Hildegard gilt als „Stamm-Mutter der Staufer", die um 1045 Friedrich von Büren geheiratet hatte und um 1087 auf ihrem Eigengut mit ihren fünf Söhnen, darunter Herzog Friedrich I. von Schwaben und Bischof Otto von Straßburg, das erste Gotteshaus stiftete. Hildegard hatte von ihrer Großmutter umfangreichen Besitz im Ober- und Unterelsass geerbt, der zu einer der tragenden Säulen der staufischen Hausmacht werden sollte. Das wurde 1094 der benediktinischen Mutterabtei St. Fides in Conques unterstellt. Diese war nach dem Vorbild der Jerusalemer Grabeskirche entstanden und so sollte auch das Schlettstadter Gotteshaus aussehen. Von diesem Bauwerk ist heute allein die 1892 freigelegte quadratische Krypta erhalten, in der Hildegard 1097 ihre letzte Ruhe fand. St. Fides war damit die erste Grabeskirche der Staufer überhaupt. Unter ihrem Urenkel Kaiser Friedrich I. Barbarossa wurde der heutige Kirchenbau privilegiert, unter seinen und des Reiches Schutz gestellt und ausgestattet. In diese Zeit fiel auch die Vollendung des heutigen Kirchenbaues, für den Friedrich 1162 ein farbig, bemaltes Glasfenster im Chor stiftete, in dem er den Sieg über Mailand thematisieren ließ. St. Fides erfüllte nun die Funktion eines staufischen Hausklosters. Zwischen 1170 und 1180 scheint der über 44 Meter lange und knapp 15 Meter breite Kirchenbau fertig gestellt gewesen zu sein. Er erhielt die Form einer kreuzförmig gewölbten Basilika zu drei Doppeljochen mit einem 42 Meter hohen Vierungsturm und zwei die westliche Vorhalle flankierenden schlanken Türmen. Infolge der Restaurierung von 1875 bis 1893 präsentiert sich St. Fides heute als spätromanisches Gotteshaus. Den elsässischen Besitz haben die Staufer nach Hildegard ausgebaut und vermehrt. Mit der Hohkönigsburg und der Ortenburg entstanden in der Nähe Schlettstadts zwei der zahlreichen staufischen Burgen, die die Herrschaft manifestierten. Die Krypta von St. Fides barg mit dem Abguss eines weiblichen Frauenkopfes eine Besonderheit. Er wird als Totenmaske Hildegards gedeutet und ist damit das früheste Beispiel für die Überlieferung des Aussehens eines Mitglieds des staufischen Hauses.

DIE STAUFER IN ITALIEN: KASTELLE, BURGEN UND SCHLÖSSER

Das staufische Kastell, als eigentümliche bauliche Schöpfung aus einer zielbewussten Entwicklung der Architektur, ist Abbild der staufischen Welt. Während die Bautätigkeit zunächst der äußeren und inneren Sicherheit diente, entstanden Kastellketten, etwa an der sizilianischen und an der adriatischen Ostküste. Zu diesem Zweck wurden zunächst einmal bestehende Kastelle ausgebaut und von Fall zu Fall im Sinne zeitgenössischer Festungsbaukunst umgestaltet oder ergänzt. Daneben entstanden neue Kastelle. Als Vorbilder standen byzantinische, normannische und sarazenische Anlagen Pate. „Civitas ipsa nullo modo bene regi poterat sine castro" – keine Stadt sei, den mutmaßlichen Worten König Manfreds zufolge, ohne Kastell gut zu beherrschen, trifft einmal mehr auf die Anlage der zahlreichen Befestigungen in Süditalien zu. Die Grundlagen dafür hatte Kaiser Friedrich II. zwischen 1230 und 1250 geschaffen und die Kette der Verteidigungsanlagen durch zahlreiche Jagdschlösser (wie in Gravina), Tore und Brücken (wie in Capua) oder Paläste wie in Fòggia ergänzt. Von den umfassenden Verteidigungsmaßnahmen legen Briefe Friedrichs, aber auch Verfügungen und Urkunden ausführlich Zeugnis ab.

Die italienischen Stauferburgen und Kastelle stehen für mathematische Klarheit und Zweckmäßigkeit, wobei in Castel del Monte diese mathematische Genauigkeit zur Perfektion getrieben wird. Für Friedrich II. war die Architektur Ausdruck seines universalen kaiserlichen Herrschaftsanspruchs auf ein Reich. Die Höhepunkte der friderizianischen Architektur erwachsen aus den Traditionen der Antike und dem Geist islamischer Wissenschaft. Im normannisch-arabischen Sizilien wurden sie zur Realität.

Prato, Kastell (Castello dell'Imperatore)

Den einzigen Kastellbau Kaiser Friedrichs II. von Hohenstaufen außerhalb von Süditalien findet man mit dem Castello dell'Imperatore im toskanischen Prato. Der Kaiser ließ ihn für seinen Sohn, seit 1246 Generalvikar der Toskana und Podestà von Florenz, zwischen 1237 und 1248 auf den Grundmauern der alten Grafenburg der Alberti, einer in der Toskana bedeutenden Adelsfamilie, errichten. Das in seinen Außenmauern und Türmen erhaltene Kastell zeigt mit seiner quadratischen Grundform und den Eck- und Flankentürmen die enge Ver-

Prato, Kastell (Foto: Giacomo Boschi Gwilbor)

wandtschaft zum Typus apulischer und sizilianischer Anlagen. Zwei fünfeckige Türme im Zentrum der Umfassungsmauern springen zusätzlich bugartig hervor, während zwei weitere an den übrigen Seiten offenbar vom Vorgängerbau übernommen wurden. 1248 erlangte das Kastell größere Bedeutung als kaiserlicher Stützpunkt an der Straße nach Apulien. Allerdings endete der Ausbau der Anlage 1250 mit dem Tod Kaiser Friedrichs II. Deutliches äußeres Zeichen dafür ist die unvollendet gebliebene Inkrustation am turmbewehrten Portal mit dem heimischen Stein „Verdi di Prato". Das Portal selbst ist am Bogenansatz mit Stauferlöwen als Herrschaftsausweis geschmückt, während das Portal selbst von einem Dreiecksgiebel bekrönt wird. Dieser deutet seinerseits auf die klassische Tempelarchitektur und die Antikenrezeption Friedrichs II. Der Innenausbau in Form von vier eingeschossigen, jeweils sechsjochigen Flü-

geln blieb unvollendet und ist heute bis auf wenige Reste verschwunden. Die Mauerzinnen der Anlage sind jüngere Zutaten des 20. Jahrhunderts, die die Wirkung der auf einer leichten Anhöhe errichteten Anlage noch steigern sollten.

Fòggia, Kaiserpalast

Ganz bewusst hatte sich Friedrich II. für die Capitanata als bevorzugter Residenz des Südreiches entschieden und das inmitten der Region gelegene Fòggia 1223 zu seiner erklärten Lieblingsresidenz erkoren. Die Wahl der Region und nicht zuletzt der Stadt Fòggia hatte mehrere Gründe. Die Nähe zu Mittelitalien und dem übrigen Reich, aber auch der ideale Ausgangspunkt an der apulischen Ostküste für Kreuzzüge ins Heilige Land sowie das milde Klima mögen den Ausschlag gegeben haben. Zudem bot die wasserreiche Landschaft mit ihren Wäldern ideale Möglichkeiten

Fòggia, Torbogen des friderizianischen Kaiserpalastes

der Jagd. Die eigentliche Residenz Fòggia ließ Friedrich II. nach Westen durch die Festung Lucera schützen, während er auf der Südseite mit S. Lorenzo ein reines Jagd- und Lustschloss anlegen ließ. Das Schloss, von dem heute nur noch Fragmente erhalten sind, scheint um 1225 vollendet gewesen zu sein. Im selben Jahr heiratete der Kaiser seine zweite Frau Isabella von Brienne, Tochter des Königs von Jerusalem und dessen Erbin. Auch wenn keinerlei Ansichten dieses offenbar prächtigen Palastes erhalten sind, so ist doch bekannt, dass der Kaiser ähnlich wie später beim Castel del Monte sowie in Lucera in

seiner Lieblingsresidenz Fòggia antike Elemente wie Skulpturen oder Marmorfragmente wiederverwenden ließ. Er versuchte damit auch architektonisch an die Antike anzuknüpfen – allerdings im Sinne einer ideologischen Aneignung der antiken Vorbilder. Dazu gehörte sein offizieller Titel als „Imperator Romanorum Caesar Augustus" ebenso, wie die Darstellung seines Bildnisses auf Münzen, um sich als Nachfolger und Erbe der römischen Kaiser zu präsentieren. Nach dem großen Erdbeben des Jahres 1731 und der Zerstörung Fòggias im Zweiten Weltkrieg (1944) blieben vom Palast nur noch ein plastisch gestalteter Bogenlauf (Archivolte) auf zwei Konsolen mit Adlern und einer Inschrift übrig, der an den kaiserlichen Auftraggeber sowie das Jahr des Baubeginns 1223 erinnert. Diese Archivolte ist heute Teil der Fassadenmauer des Palazzo Arpi mit dem darin untergebrachten Städtischen Archäologischen Museum. Der Kaiserpalast Friedrichs diente wiederholt als Ort für Hoftage und Empfänge. Seine genaue Lage ist umstritten.

Lucera, Palastkastell (Palatium)

Rund 20 Kilometer nordwestlich von Fòggia entfernt befindet sich Lucera, wo Friedrich II. vor der Stadt ab 1223/24 ein Palastkastell errichten ließ. G. Ulrich Großmann (Burgen in Europa) rechnet ihn unter die „ungewöhnlichen Bauten" des

Blick auf das Palastkastell von Lucera

Königs. Von dem einstigen rund 30 Meter hohen, turmartigen Bau ist nur das quadratische Fundament bis heute erhalten geblieben. Ursprünglich handelte es sich um einen dreigeschossigen Bau, dessen beide unteren Geschosse quadratisch waren, während das oberste als Achteck um einen Hof ausgeführt war. Damit nahm man die Gestaltung des später ausgeführten Castel del Monte vorweg. Auf drei Stockwerke verteilten sich 32 Räume für den Hof und die Kaiserwohnung. Statt eines großen Kastells blieb der Bau auf die Form eines Donjons reduziert. Eine Arkadenreihe mit blinden Bögen umsäumte auf halber Höhe den 15 mal 15 Meter großen Innenhof, wobei sich rautenförmige und runde Öffnungen mit Spitzbogenfenstern abwechselten. Anders als die Jagdschlösser von Gravina oder

Lucera, Palastkastell. Der riesige Mauerring entstand erst unter Karl von Anjou.

Lagopesole hatte Lucera von Beginn an den Charakter einer Festung, und zwar im Sinne einer Kreuzfahrerburg. Als Vergleich zu Lucera führt G. Ulrich Großmann das Beispiel von Tartus in Syrien an. Die Außenseiten des Kastells in Lucera maßen rund 35 mal 35 Meter. Neun Schießscharten pro Seite verstärkten die bunkerartige Wirkung des Baues, der auf den ersten Blick über keinen Eingang verfügte. Man kann vermuten, dass man entweder ein von oben absenkbares Treppensystem verwendete oder auf die Benutzung unterirdischer Gänge zurückgriff, wie von Teilen der Forschung vermutet wird. Die Wasserversorgung sicherte eine 14 Meter tiefe Zisterne. Die Baugestalt ist möglicherweise dadurch zu erklären, dass Friedrich hier Teile seines Kaiserschatzes, darunter Teile seiner Altertümer-Sammlung, unter-

brachte. Zudem siedelte er in Lucera eine größere Gruppe von Sarazenen an, die er von Sizilien hierher deportiert hatte. Aus diesem Grunde erhielt der Ort den Beinamen „Luceria Saracenorum". Aus den Reihen dieser Sarazenen rekrutierte Friedrich II. eine Spezialeinheit von Söldnern, die durch ihre Bewaffnung mit Pfeilen und Bogen sowie Speeren auffiel und in vielen Feldzügen des Kaisers eingesetzt wurde. Im Kampf mit den Anjou hielt sie den Staufern die Treue und wurde 1300 von Karl II. von Anjou vernichtet.

Melfi, Kastell

Aufgrund ihrer strategisch günstigen Position gründete der byzantinische Katapan Basileios Boioannes im Jahr 1018 den Ort Melfi. Er liegt in der Basilicata an der Straße von Apulien nach Neapel. 1041 eroberten die

Das beherrschende Kastell von Melfi erhebt sich über dem gleichnamigen Ort

Normannen Melfi und teilten es unter den zwölf siegreichen Grafen auf. Zwei Jahre später wurde der Ort zur Hauptstadt dieser Grafschaft erhoben.

Der Bau des Kastells von Melfi geht auf den normannischen Herrscher und nachmaligen Herzog von Apulien und Kalabrien – Robert Guiscard (um 1015 – um 1085) – zurück, der als sechster Sohn Tankred von Hautevilles aus der westlichen Normandie stammte. Unter den normannischen Grafen ragten die Hautevilles deutlich hervor und bauten Melfi als Zentrum ihrer Herrschaft weiter aus. Im Jahr 1059 vollzog die römische Kurie einen scharfen Wechsel ihrer Ablehnung gegen die Normannen, vor allem, um den neuen Papst Nikolaus II. stärker zu unterstützen. Die Feinde Roms standen in Deutschland und mit dem römischen Adel in unmittelbarer Nähe des Vatikans. So bot die Synode von Melfi die

Chance, die Normannen zu Verbündeten zu machen. Robert erhielt den Rang eines Herzogs von Apulien, Kalabrien und des zukünftigen Sizilien, womit der Papst nachdrücklich die Rückeroberung von Sizilien aus den Händen der Sarazenen unterstützte. 1089 rief Papst Urban II. hier zum Ersten Kreuzzug auf. Unter den Staufern diente das Kastell Friedrich II. als Sommerresidenz, der von hier aus im August 1231 die „Konstitutionen von Melfi" (lat. „Constitutiones Regni Siciliae"), also eine Gesetzessammlung für das Königreich Sizilien, als erste umfassende Rechtskodifikation des Mittelalters verkünden ließ. Als turmbewehrter befestigter Komplex überragt das Kastell bis heute die Stadt. Einer der Türme heißt „Torre dell'Imperatore" und erinnert an die Herrschaft des Stauferkaisers. An den nahezu regelmäßigen rechteckigen normannischen

Kernbau mit den vier Türmen hatten die Staufer einen eigenen gewinkelten Flügel mit zwei Türmen angebaut. Umbauten und mehrere Erdbeben veränderten den Baubestand. In Teilen der Anlage ist heute das Museo Provinciale del Melfese untergebracht.

Lagopesole, Jagdschloss

Weithin sichtbar erhebt sich das beherrschende normannisch-staufische Kastell von Lagopesole über die Landschaft Apuliens. Zu Zeiten des Stauferkaisers Friedrich II. scheint der in der Einöde gelegene Bau den Zweck eines Sommer- oder Jagdschlosses erfüllt zu haben, zumal sich unmittelbar unterhalb des Kastells ein heute völlig verschwundener See erstreckte, der zur Falkenjagd eingeladen haben könnte. Lagopesole lag weder an einer wichtigen Straße, noch war es Teil der Verteidigungsarchitektur. Dennoch gab es an gleicher Stelle bereits eine Festung aus normannischer Zeit bzw. eine noch

ältere römische Anlage. Um das Jahr 1242 begann der Neubau für Friedrich II.: ein regelmäßiger, langgestreckter und klar gegliederter Bau. Die 14 bis 16 Meter hohen Außenmauern stammen noch aus dieser Zeit. Allerdings wurde das Kastell zu Lebzeiten Friedrichs II. nicht mehr fertig. Anders als das kleinere Jagdschloss von Gravina in Puglia besteht der Bau von Lagopesole aus zwei Teilen: einer kleineren Kern- und einer größeren Vorburg. Der schiefwinklig zum Kernbau stehende Bergfried entstammt trotz seiner Lage der Stauferzeit, worauf das sorgfältig gearbeitete Buckelquaderwerk mit Randschlag ebenso hinweist, wie das sauber eingefügte Spitzbogenportal. Der Bergfried trägt auch plastischen Schmuck in Form von figürlichen Konsolen, die im Volksglauben vor Ort als das Kaiserpaar Friedrich Barbarossa und Beatrix gedeutet werden. Besonders der weibliche Kopf ist mit seinem sehr zarten Ausdruck Zeugnis des qualitativ hohen Niveaus der Skulpturen-

Lagopesole in der Basilikata mit seinem staufischen Jagdschloss

Lagopesole, Blick auf das wiederhergestellte Kastell, in dem heute Konzerte und Ausstellungen stattfinden

produktion um Friedrich II. bzw. der beliebten Antikenrezeption in der Kunst des 13. Jahrhunderts. Vier quadratische Ecktürme, die als Verstärkungen der Mauern fungieren, erwecken einen bastionsartigen Eindruck. Ganz anders sieht es in den beiden weiten Höfen aus, von denen der größere im Osten, Norden und Westen von drei bewohnbaren Kastell-flügeln gesäumt ist. Die Kapelle im Ostflügel liegt dem Eingang gegenüber. Sie entstand jedoch erst unter Karl von Anjou. Stilistische Vergleiche zu anderen staufischen Kastellen finden sich etwa an der Innenwand des Westflügels, wo zwei weite Fenster mit Kleeblattbögen an Fensterformen des Castel del Monte erinnern.

Trani, Kastell

In geradezu einzigartiger städtebaulicher Lage stehen sich das Kastell und die Kathedrale von Trani gegenüber. Gerade dieses von Kaiser Friedrich II. als regelmäßige Vierekkanlage errichtete Kastell gilt als eines der schönsten Beispiele der Festungsarchitektur seiner Zeit.

Hier wirkte wie in Bari der zypriotische Militärarchitekt Philippus Chinardus im Auftrag des Stauferkaisers. Über die Entstehung des Gebäudes klärt eine bauzeitliche Inschrift am Portal auf: „Als Christus schon vor 1233 Jahren geboren war und Kaiser Friedrich im 13. Jahr seines Kaisertums, im 36. Jahr seines sizilianischen Königtums und im 8. Jahr seines Königtums zu Jerusalem stand, begann dieser Bau sich zu erheben im Monat Juni, in der 6. Indikation." (Übersetzung) Seine Bauflucht verläuft zur Adria hin noch immer entlang der Küste. Hier sind zwei der vier Ecktürme in die durch Blendbögen akzentuierte Wasserseite eingebunden, die auf der Stadtseite als selbstständige Baukörper hervortreten. 1249 wurde das Kastell erweitert. Bemerkenswert sind der erhaltene Innenhof mit seinen Außentreppen, interessantem Figurenschmuck und die alle Bauten Friedrichs II. verbindende sorgfältige Behandlung der verwendeten Steinquader. Die Außentreppen in Trani führten zu einer Galerie vor den Sälen des nördlichen Obergeschosses. Reich ornamentierte bzw. teilweise mit figürlichen Darstellungen besetzte Wandkonsolen deuten auf einen ehedem sehr prunkvollen Aufgang. Das Kastell von Trani liebte nicht nur Friedrich II. Auch dessen Sohn Manfred hielt sich gerne hier auf und heiratete hier 1259 in zweiter Ehe Helena, die Tochter Michaels II., König von Epirus. Doch bereits 1266 wurde sie

Das Kastell von Trani liegt direkt an der adriatischen Küste

Blick auf das Castel del Monte – der heute von Bäumen umgebene Bau stand ursprünglich frei

nach Manfreds Tod in der Schlacht von Benevent gemeinsam mit ihren fünf Kindern durch den siegreichen Karl von Anjou in Trani gefangen gesetzt, nachdem sie von Bettelmönchen, die im Dienst Karls von Anjou das Land durchstreift und bereits als päpstliche Spione gegen Kaiser Friedrich II. gewirkt hatten, aufgespürt worden war. Aus dem Kastell Trani wurde sie, vermutlich schon ohne ihre Kinder, die sie nie wiedersehen sollte, nach Lagopesole vor Karl von Anjou gebracht. Die Pläne Karls, Helena mit seinem Vetter Don Arrigo (Heinrich) zu verheiraten, zerschlugen sich. Ende Februar bzw. Anfang März 1271 starb Helena nach fünfjähriger Gefangenschaft mit 29 Jahren auf der Burg Nocera zwischen Castellamare und Salerno. Auch das Kastell Trani diente dem Gewahrsam, zuletzt von 1860 bis 1975 als Gerichtsgefängnis, so dass es lange für die Forschung unerschlossen blieb. Erst 1998 wurde das staufische Bauwerk der Öffentlichkeit zugänglich gemacht.

Castel del Monte

Das eindrucksvollste und faszinierendste Bauwerk des friderizianischen Apulien und der Stauferzeit schlechthin ist das auf dem Gipfel einer Anhöhe gelegene Castel del Monte. Als einer der letzten Bauten Kaiser Friedrichs II. entstand es vermutlich als Jagdschloss des Staufers. Im stauferzeitlichen Schrifttum wird es wiederholt als „castrum" bezeichnet. Die klare und übersichtliche Gliederung des Baues auf achteckigem Grundriss und mit achteckigen Türmen an den äußeren Ecken ist in der Architekturgeschichte einmalig. Was man auf den ersten Blick vermisst, sind weitere äußere Wehrmauern, die die Anlage hätten schützen können. So kann man die Anlage des Kastells als Jagdschloss vermuten. Allerdings deutet sein wehrhafter Charakter auch auf den möglichen Schutz des engmaschigen Verteidigungssystems. Tatsächlich liegt es unweit der Straße, die einst von Andria nach Garagnone und Gravina führte. Gemäß neueren Erkenntnissen der Forschung (2001) könnte Friedrich den Bau auf einer älteren normannischen Festung errichtet haben. Zahlreiche Spekulationen hat es immer wieder über den ungewöhnlichen Grundriss gegeben, die bis zu Erklärungsversuchen der mystischen Zahlensymbolik gingen. Inzwischen widerlegt ist die mögliche astronomische Bedeutung des Gebäudes, das nun genau vermessen ist, was einige Erklärungsmuster hinsichtlich seiner Entstehungsgeschichte liefert. Castel del Monte basiert auf der Grundidee des geometrischen Konzepts mit „rotieren-den Quadraten". In der griechischen Philosophie wurden Achtecke als gekreuzte oder rotierende Quadrate bezeichnet, worauf Aristoteles seine Elementtheorie aufbaute. Das Achteck ist im Islam und Christentum ein wichtiges Symbol der Heilserwartung. Symbolisiert das Quadrat die Erde, so steht die absolute Vollkommenheit des Kreises für die Unermesslichkeit des Himmels. In Moscheen und Mausoleen wie auch in den Vierungskuppeln der christlichen Kirchen symbolisiert das Achteck die himmlische Erlösung und Unsterblichkeit. Das Kastell Friedrichs II. strahlte im 13. und 14. Jahrhundert auf

Die Krone Apuliens: Castel del Monte

Himmlische Ausblicke vom oktogonalen Innenhof des Castel del Monte

die Architektur von Burgen in Deutschland, Frankreich und England aus. Die beiden Geschosse werden mitsamt den Türmen durch ein umlaufendes Horizontalgesims geteilt. Das Hauptportal ist nach Osten hin orientiert. Es wirkt durch seine Pilastergliederung und Gesimse sehr antikisch. Die eingesetzten Materialen wurden dabei nicht zufällig gewählt. So hat man die Wandflächen in Kalkstein hergestellt, während etwa die Kapitelle, die Böden und Wände des Obergeschosses mit Marmor verkleidet waren. Als dritte Steinart wählte Friedrich II. roten Breccia corallina für Portal, innere und äußere Türelemente und Erdgeschossfußböden.

Die gleich geschnittenen jeweils acht trapezförmigen Räume waren reich ausgestattet: steinerne Sitzbänke aus Travertin an den Wänden, Kamine im Unter- und Obergeschoss. Moderne Kreuzrippengewölbe

überspannen die beiden Geschosse. Zur Bauzeit, die mit dem Tod Friedrichs II. 1250 wohl abgeschlossen war, stellten diese Konstruktionen in Apulien eine Neuerung dar, während sie in Frankreich lan-

Castel del Monte, Blick ins Innere

ge üblich waren. Die acht Ecktürme sind vom Untergeschoss
her zugänglich. In drei Türmen
führen zylindrische Wendel-
treppen ins Obergeschoss. In
den Nebenräumen der Türme
waren sanitäre Anlagen untergebracht. Im dritten Turm,
dem sogenannten Turm des
Falkners (Torre del Falconiere)
wird in einem dunklen, abseits
gelegenen Raum ein künstli-
cher Horst zur Aufzucht von
Jungfalken vermutet. Friedrichs Buch „De arte venandi
cum avibus" beschreibt einen
solchen Raum. Anders als in
anderen Kastellen hat die repräsentative Bedeutung alle anderen Funktionen vermutlich
weit überlagert. Nach dem
Sturz der Staufer wurden aus-
gerechnet in Castel del Monte
die Kinder König Manfreds
eingesperrt.

Bari, Kastell

Zu den bereits bestehenden und
unter Friedrich II. umgebauten
Kastellen gehört das Castello
Svevo in der heutigen apulischen Provinzhauptstadt Bari,
dessen Bau unter Roger dem
Normannen zwischen 1131 und
1132 auf den Grundmauern einer byzantinischen Festung des
11. Jahrhunderts begonnen
worden war und nach einer Zerstörung 1139 wiederaufgebaut
wurde. Es erhebt sich über einem trapezförmig verschobenen
Grundriss und ist neben dem
Kastell von Trani heute noch am
besten erhalten. Die stilistische
Verwandtschaft beider Anlagen
geht auf den zypriotischen Mili-
tärarchitekten Philippus Chinardus zurück. Beide Kastelle,
dazu noch das von Brindisi, hatten die Funktion einer Küsten-
burg. Allerdings ist das Straßen-
niveau heute sehr viel höher.

Innenhof des Bareser Kastells

Bari, Kastell – unter den Anjou und Isabella Sforza wurde die Anlage verändert

Trotz später hinzugefügter Festungswälle bzw. Bastionen des 16. Jahrhunderts ist der staufische Charakter des Kastells unverkennbar geblieben. Zwei quadratische Buckelquadertürme von einstmals vier Eck- und zwei Zwischentürmen ragen bis in die Gegenwart in ihrer vollen Größe zur Landseite hin in die Höhe und stehen für die Ende der 1220er und zu Beginn der 1230er Jahre unter Friedrich II. durchgeführten Erneuerungsarbeiten, die neben Bari auch in Brindisi (1228) und Trani (1230–1233) stattfanden. Friedrich II. hat nicht, wie von der älteren Forschung noch vermutet, das gesamte Kastell neu errichtet, sondern stand für zahlreiche Verschönerungsarbeiten Pate. Dazu gehörte vor allem die zweischiffige, säulengetragene Eingangshalle samt dem westlichen Eingangsportal. Herausra-

gende muslimische Steinmetze schufen die mit Figuren reich geschmückten Säulen und Torbögen, darunter die Figurenarchivolte des Eingangsportals,

Bari, Kastell, gewölbter Innenraum mit reich gestalteten Kapitellen

wo sich auch der kaiserliche Adler über einem geschlagenen Hasen wie in Barletta wiederfindet, sowie die dem Hof zugewandte Loggia mit zwei Arkaden samt der an einem Kapitell angebrachten Inschrift des Steinmetzen Melo da Stigliano. Unter Friedrich II. entstand auch das Erdgeschoss des ursprünglich unmittelbar am Meer gelegenen Nordflügels. Die Kapitelle der Loggia, die auch als Hoflaube bezeichnet wird, zeigen unterschiedliches, teils stark stilisiertes Dekor. Eines davon ist derart plastisch ausgeführt und erinnert an ein recht verwandtes in der Kaiserpfalz von Gelnhausen. Heute befindet sich im Kastell von Bari ein Museum.

Gioia del Colle, Kastell

Traditionell mit dem Namen Friedrichs II. verbunden ist das Kastell von Gioia del Colle, dessen Bau bereits Richard Seneschall, ein Sohn Drogos von Hauteville und Neffe Robert Guiscards, in normannischer Zeit 1087 begonnen haben soll. Für den Neubau des Kastells unter Kaiser Friedrich II. um 1230 liegen keinerlei Quellen vor. Anders als von der früheren Forschung vermutet, scheint der Stauferkaiser die bereits bestehende Anlage eines „Lusthauses auf dem Bergsattel" zu einer Vierflügelanlage ausgebaut und es in sein Verteidigungssystem einbezogen zu haben. Der Bau orientiert sich an den Himmelsrichtungen. Zwei der rund 25 Meter hohen Türme liegen nach Süden und sind in vier Geschosse geteilt, wovon eines als das der Kaiserin – „dell'Imperatrice" – bezeichnet wird. In jenem Turm soll Friedrich II. seine Geliebte und mögliche dritte Ehefrau Bianca Lancia eingesperrt haben, nachdem er sie der Untreue bezichtigt hatte. In Gioia soll zudem der spätere Lieblingssohn Friedrichs II. (Manfred) das Licht der Welt

Gioia del Colle, Innenraum

Gioia del Colle, Innenhof des Kastells

erblickt haben. Nach dem Tod Friedrichs II. im Kastell Fiorentino soll der Leichenzug eine Nacht in Goia del Colle zugebracht haben. Exakt gemauerte Buckelquaderfassaden bestimmen das Erscheinungsbild des Baues, der heute zwischen Altstadtgassen eingepfercht liegt. Allerdings wird der Blick dadurch getrübt, dass der Bau zu Beginn des 20. Jahrhunderts phantasievoll instand gesetzt wurde. Heute zeigt er sich restauriert, wobei die historisierenden Zutaten großenteils wieder beseitigt werden konnten. In der gewölbten Torhalle blieben zwei historische Kapitelle erhalten. Der Bau des Kastells ist heute teilweise als Museum zugänglich.

Gravina in Puglia, Jagdschloss

Zu den beliebten Aufenthaltsorten Friedrichs II. gehörte das Jagdschloss von Gravina in Puglia unweit von Altamura. Ähnlich wie um Fòggia umgab das

Inmitten der Altstadt liegt das Kastell von Gioia

auf einem Höhenrücken gelegene kaiserliche Schloss einst ein dichter Wald und unweit des Schlosses befand sich ein unter Friedrich II. aufgestauter See – ideale Bedingungen für die Jagd auch auf Wasservögel. Vom langen rechteckigen Gebäude stehen heute noch die Außenmauern in unterschiedlichen Höhen. Sorgfältig ausgeführtes Quadermauerwerk aus Kalkstein bestimmt das Erscheinungsbild. Auf der östlichen Schmalseite liegt der Zugang, der in einen Innenhof führt. An der nahezu intakten nordwestlichen Querwand blieben sogar Schmuckelemente erhalten, im Geschoss darüber Kamine und Reste von Trennwänden einstiger Säle. Ein umlaufender Altan ermöglichte ursprünglich den Blick weitum ins Land. Auf seine Existenz deuten noch Konsolen und Balken-

löcher hin. Damit steht Gravina in einer Reihe mit dem Palazzo von San Gervasio, denn auch hier achtete der Kaiser auf einen landschaftlich schönen Ort mit großartiger Fernsicht. Gemäß einer Beschreibung von 1307 gab es in Gravina auch eine dem Eingang gegenüber gelegene „Sala dei falconi", die auf die besondere Leidenschaft Friedrichs II. für die Falkenjagd hindeutete. Darauf verweist er ja auch in seinem berühmten Traktat: „De arte venandi cum avibus" („Über die Kunst mit Vögeln zu jagen"). Hiernach konnten die durch die Pflichten der Herrschaft belasteten Adeligen und Mächtigen in der Ausübung der Jagdkunst wohltuende Ablenkung für ihre alltäglichen Sorgen finden. Von der technischen Ausstattung des Schlosses blieben große Zisternenanlagen erhalten, die auf die ungeheure

Nur als Ruine erhalten: das Jagdschloss von Gravina in Puglia

Das Castello Ursino in Catania (Foto: Augulino Giovanni)

Bedeutung der Wasserversorgung hindeuten. Mehre meterhohe gewölbte Schiffe konnten enorme Wassermengen aufnehmen, um den Hofstaat mit Trink- und Brauchwasser zu versorgen.

Catania, Castello Ursino

Zu den drei sizilianischen Seekastellen, die im Auftrag Kaisers errichtet wurden Friedrichs II. erbaute, gehört das ab 1239 erbaute Castello Ursino in Catania. Es entstand unter der Bauleitung des „Praepositus Aedificiorum" Riccardo da Lentini auf den Grundmauern einer normannischen Befestigungsanlage am Hafen von Catania. Vergleichbar mit Syrakus prägen wiederum runde Ecktürme und halbrunde Türme in der Mitte der Seitenmauern den quadratischen, 2 500 Quadratmeter großen Bau. Dass er überhaupt noch vorhanden ist, grenzt an

ein Wunder, nachdem die Lava des Ätna 1669 die Stadt zerstört hatte. Das Castello wurde damals umflossen und trotzte auch dem schweren Erdbeben des Jahres 1693. Allerdings bietet der heutige Anblick ein vollkommen verzerrtes Abbild der mittelalterlichen Situation. So lag das Kastell auf einer 16 Meter hohen Erhebung unmittelbar am Hafen. Durch den acht bis zwölf Meter hohen Lavastrom bietet das Kastell heute den Anblick eines nahezu flachen Baues inmitten der Stadt. Trotz der im Vergleich zu Syrakus sparsameren Ausführung gilt das Kastell als ein Höhepunkt der militärisch betonten Kastell-Architektur Kaiser Friedrichs II. Der Grundriss von vier um einen zentralen Hof gruppierten Flügeln bietet sich in nahezu mathematisch exakter Regelmäßigkeit dar. Mit Blick auf die finanziell sehr angespannte Situation Friedrichs II. 1239 wurden nur rund zwei Meter der aufgehenden Mauern in Quadern gefügt, darüber beherrscht Bruchstein mit reichlich Mörtel das äußere Erscheinungsbild. Aus staufischer Zeit erinnert noch ein kaiserlicher Adler oben neben dem Haupteingang an die einstige Bestimmung des Kastells als Wehr- und Wohnbau.

Syrakus, Castello Maniace

Zu den drei sizilianischen Seekastellen gehört neben dem Castello Ursino in Catania und dem Castello Augusta auch das Castello Maniace in Syrakus, an der Südspitze der Halbinsel Ortygia gelegen. Das heute von der Altstadt überbaute Seekastell befand sich ursprünglich in Insellage vor der Stadt und ist so errichtet worden, dass es die Hafeneinfahrt von Syrakus optimal schützen konnte. Das 1232 bis 1240 unter Kaiser Friedrich II. erbaute Gebäude vereint Palast- und Wehrbau in einzigartiger Weise. Es gehört zu den frühen Beispielen der von Friedrich II. bevorzugten Bauausführung als geometrisch-regelmäßiger Anlage mit vier gleichen Flügeln, Ecktürmen sowie Türmen in der Mitte der Flügelseiten. Der Name des Kastells – eigentlich ein Turmpalast – ist irreführend und geht auf den byzantinischen Heerführer General Giorgio Maniace bzw. Georgios Maniakes zurück. Ihm war 1038 die Eroberung Siziliens mit Syrakus für die Normannenherr-

scher gelungen. Syrakus hatte sich zuvor unter arabischer Herrschaft befunden.

Über den kaiserlichen Auftragsbau wachte Riccardo da Lentini, der als „Praepositus Aedificiorum" die Aufsicht über die Staatsbauten führte. Bereits das Portal erinnerte den Ankömmling daran, wer hier zeitweilig residierte. So flankierten zwei antike Widderskulpturen aus dem 4. Jahrhundert vor Christus den Zugang zum Kastell. Die steinernen Sockel sind noch erhalten. Während ein Widder bei den Unruhen 1848 zerstört wurde, gelangte der zweite ins Archäologische Museum von Palermo. Bereits Goethe zeigte sich 1787 bei seiner Italienreise beeindruckt von den Skulpturen, „welche [...] den Kunstsinn höchlich erbauten". Getreu seiner Adaption für die Antike und gemäß der Seltenheit antiker Tierbronzen ließ Friedrich II. die beiden Plastiken vor seinem Palast aufstellen. Gemäß der Ikonologie standen sie zudem symbolhaft für die Ewigkeit – ideal gleichsam als Ersatz für die Wächterlöwen. Das Innere bestand aus einer das komplette Erdgeschoss einnehmenden, gewölbten festsaalartigen Halle, die von 16 freistehenden Säulen von jeweils einem Meter Durchmesser getragen wurde. Fünf mal fünf kreuzrippengewölbte Joche tragen die Decke des ersten Obergeschosses. Die Säulen zierten außergewöhnlich reich geschmückte Kapitelle, die in ihrer Ausführung auf den kaiser-

Blick auf das weiträumige Castello Maniace

lichen Auftraggeber hinwiesen. Neben dem aufwändig gestalteten Raum unterstrichen Kamine, Bäder und Toiletten die Funktion des Baues als kaiserliche Residenz. Das ursprüngliche Obergeschoss wurde 1704 infolge einer Pulverexplosion zerstört. Der Typus von Maniace wiederholt sich neben Catania und Augusta mit kleinen Abwandlungen auch in Prato.

DIE STAUFER IN ITALIEN: KIRCHEN

Die Verbindung des staufischen Nordreichs mit dem Süden erfolgte durch die Heirat Heinrichs VI. mit Konstanze, der Tochter und Erbin König Rogers II. von Sizilien. Der Machtantritt Heinrichs, ein Sohn Friedrichs I. Barbarossas, konnte aufgrund heftiger Widerstände erst im Jahr 1194 erfolgen, so dass der Blickwinkel auch beim Kirchenbau vor allem dem im gleichen Jahr in Jesi geborenen Sohn und nachmaligen Kaiser Friedrich II. und seiner Familie gilt. Nur ein einziger Kirchenbau konnte dem Herrscher zugewiesen werden, der nahezu sein ganzes Leben in Italien verbrachte.

Altamura, Marien-kirche, Doppel-turmfassade

Altamura, Marienkirche

Die Marienkirche von Altamura ist heute der einzige erhaltene und gleichsam durch Quellen bezeugte Kirchenbau Friedrichs II. in Italien. Anders etwa als beim Bareser Dom oder den beiden sizilianischen Klosterkirchen von Murgo bei Lentini bzw. S. Maria della Valle bei Messina, wo sich Privilegien und Zuwendungen Friedrichs nur mittelbar belegen lassen, hat der Stauferkaiser die Kirche von Altamura persönlich gefördert. Heute ist das Gotteshaus von Santa Maria Assunta Kathedralkirche des Bistums Altamura-Gravina-Acquaviva delle Fonti mit Sitz in Altamura. Die Stadt selbst geht auf eine Gründung Friedrichs II. zurück. Er stattete sie um 1230 mit Privilegien aus, in denen er ausdrücklich den Zuzug von Juden und Griechen gestattete, um die Besiedlung des Ortes zu forcieren. Besonders reichen Gebrauch von der Neubesiedlung des im 9. Jahrhundert durch die Sarazenen zerstörten Ortes machten die Griechen. Den Kirchenbau von Altamura finanzierte der Kaiser weitgehend selbst und gewährte ihr den Status einer „Ecclesia Palatina", behielt sich selbst das Recht der Benennung eines Erzpriesters vor und erreichte die unmittelbare Unterstellung unter den Heiligen Stuhl in Rom. Da Friedrich I. 1232 den Kleriker Richard von Brindisi als ersten Erzpriester einsetzte, wurde von Teilen der Forschung vermutet, dass das Gotteshaus zu diesem Zeitpunkt vollendet gewesen zu sein scheint. Anderen Angaben

Altamura, Marienkirche, Eingangsportal

zufolge begannen die Arbeiten erst in den 1240er Jahren. 1316 wurde dieses Gotteshaus Opfer eines schweren Erdbebens. Erst danach erhielt der Bau die heute charakteristische Doppelturmfassade mit den von Bari beeinflussten seitlichen Nischenarkaden. In seiner Gestaltung entspricht das Portal der heutigen Kathedrale ganz der apulischen Romanik, mit der man die byzantinische Formensprache verband. Ihre endgültige Gestalt erhielten die beiden Türme erst in der ersten Hälfte des 16. Jahrhunderts. Das Innere wird heute vom Geist des 18. Jahrhunderts dominiert, wobei die mittelalterlichen Strukturen ablesbar geblieben sind. So ist der basilikale Innenraum geprägt von einem Wechsel aus Stützen und Pfeilern, Emporen und einem tiefen Chor. Die immer wieder der friderizianischen

Zeit zugeschriebenen Skulpturen an den Kapitellen der Arkaden und Emporen entstanden vermutlich erst nach dem Erdbeben von 1316.

Andria, Kathedrale

Das um 1046 gegründete Andria ist seit 2008 eine der drei Hauptstädte der neu gegründeten Provinz Barletta-Andria-Trani und heute vor allem durch das beherrschende Castel del Monte Friedrichs II. bekannt. Am 25. April 1228 wurde in Andria der spätere deutsche König Konrad IV. als Sohn Kaiser Friedrichs II. und seiner zweiten Frau Isabella II., Königin von Jerusalem, geboren. Die Mutter starb bald nach der Geburt und wurde im Dom von Andria beigesetzt. Auch die vierte Ehefrau (Isabella von England) erhielt im Dom von Andria ihre letzte Ruhe, nachdem sie 1241 in Fòggia gestorben war. Die Kathedralkirche Santa Maria Assunta stammt noch aus der Zeit der Normannen, wurde jedoch im Stil der Spätgotik umgestaltet. Der dreischiffige Bau wird durch ein Querschiff vom großen Presbyterium getrennt. Rechts des Presbyteriums befindet sich die der Sacra Spina della Corona di Nostro Signore Gesù Christo geweihte Kapelle, die Gräfin Beatrice d'Anjou der Stadt Andria stiftete, als sie Beltrando del Balzo aus Andria heiratete. Von dieser Kapelle aus erreicht man über eine Treppe die Krypta unter dem Dom. Sie besteht aus einem zweischiffigen Raum mit Kreuzgewölben und einer Apsis. In dem Raum aus dem 10. Jahrhundert befinden sich die Grabstätten der beiden Ehefrauen Friedrichs II. 1024 wurde darüber der heutige Dombau errichtet. Die Krypta diente seit Ende des 15. Jahr-

Andria, Kathedrale, Ansicht von Süden

Fassade von San Nicola in Bari

hunderts als Beinhaus und wurde geschlossen. Erst anlässlich des Besuchs durch den deutschen Kaiser Wilhelm II. wurde der Raum bis 1904 wieder geöffnet, um die beiden Gräber auffinden zu können.

Staufische Bauplastik hat sich am Portal der Kirche von San Agostino erhalten. Es wurde in der Zeit um 1240 wohl auf Veranlassung des Deutschen Ordens und seines Großmeisters Herrmann von Salza errichtet. Das Portal schmückt die Darstellung des Salvators, dem die Kirche ursprünglich geweiht war, und wird von den Heiligen Nikolaus und Leonardus gesäumt. Eindeutiger sind die beiden Wappen mit staufischen Adlern am Nordportal.
Unweit von der Kirche Sant' Agostino befindet sich das Gotteshaus von Santa Maria di Por-

ta Santa, wo am Renaissanceportal gemäß einer alten Überlieferung die beiden Profilköpfe in den Medaillons auf den Pilastern Kaiser Friedrich II. und seinen Sohn Manfred darstellen sollen.

Bari, San Nicola

Die Kirche San Nicola in der apulischen Hauptstadt Bari ist ein Gebäude von außergewöhnlichem Reiz, sowohl ästhetisch als auch historisch. So wurde das Gotteshaus in seinen Maßverhältnissen und seinem Skulpturendekor, aber auch wegen seiner geradezu innovativen Baugestalt mehrfach gerühmt. Der Name des Gotteshauses wurde zum Programm. San Nicola bezieht sich auf keinen Geringeren als den heiligen Nikolaus, einst Bischof von Myra. Seit 1087 ruht der Heilige in Bari in einer 1089 von Papst Urban II. geweihten Gruft in einem eigens auf den Grundmauern des ehemaligen byzantinischen Katepanspalastes errichteten Gotteshauses. Dessen Fertigstellung zog sich noch einmal rund einhundert Jahre bis zum Jahr 1197 hin. Erst zu diesem Zeitpunkt konnte sie Bischof Konrad von Hildesheim als päpstlicher Legat und Statthalter Heinrichs VI. für Sizilien weihen. Ihr Baubeginn war die Geburtsstunde der apulischen Romanik. Der Transport der Gebeine des heiligen Nikolaus, dessen populäres Fest alljährlich am 6. Dezember vor allem bei den Kindern beliebt ist, gleicht einem Krimi – allerdings mit gutem Ende!

Bari, San Nicola, Krypta

Bereits um das Jahr 1000 war Nikolaus von Myra einer der wichtigsten Heiligen der Welt. Seine Wundertätigkeit war weithin bekannt, so dass tausende von Menschen zu seinem Grab pilgerten. Die Angaben über das Leben und Wirken von Nikolaus sind vage. Er muss im 4. Jahrhundert nach Christus in Patara gelebt und als Bischof von Myra viele Wunder vollbracht haben. Patara und Myra in Kleinasien waren zu jener Zeit wichtige Städte im Byzantinischen Reich. Dessen Territorium dehnte sich gegen Ende des 1. Jahrtausends nach Christus bis nach Süditalien aus. Bari spielte neben Brindisi damals eine sehr wichtige Rolle als Hafen- und Handelsstadt, insbesondere als Ausgangspunkt für die Kreuzzüge, aber auch für Reisen ins Heilige Land. Infolge der normannischen Invasion 1071 drohten nach dem Abzug der Byzantiner die guten Handelsbeziehungen in den Südosten abzubrechen, so dass allenthalben der Wunsch laut wurde, in den Besitz der Gebeine bekannter Heiliger zu gelangen, wie im Falle Venedigs von 828, als man die Gebeine des heiligen Evangelisten Markus von Alexandria nach Venedig gebracht hatte. Die Bareser organisierten 1087 gemeinsam mit dem Klerus eine solche Raubfahrt, um in den Besitz der Gebeine des heiligen Nikolaus von Myra zu gelangen. Am 9. Mai 1087 kamen die 62 italienischen Seefahrer samt zwei Geistlichen erfolgreich von ihrer Mission zurück und lösten in Bari Unru-

Blick ins Innere von San Nicola in Bari

hen aus, da die Gebeine für den dortigen Dom beansprucht wurden. Auf Intervention der Seeleute hin entstand San Nicola als eigenständiger Kirchenbau. Dadurch versicherte sich der Ort eines besonderen Schutzes, eines erhöhten Ansehens und der großen Beliebtheit als vielbesuchter Wallfahrtsort. Zwischen dem 11. und dem 13. Jahrhundert erlebte Bari seine größte Blütezeit. Das kostbarste Ausstattungsstück im Inneren des Gotteshauses ist der Bischofsthron des Elias, ein aus einem Block herausgemeißelter und erstmals in Apulien völlig frei stehender Thron. Eine neuere Datierung zielt ins dritte Viertel des 12. Jahrhunderts und sieht den Thron als bewusstes Zeugnis der Nachfolger des Erzbischofs Elias. Eine weniger künstlerische Arbeit auf dem Architrav des Hauptaltars erinnert an eine Szene, die sich historisch nicht in Bari,

sondern in Palermo zugetragen hat: die Krönung Rogers II. durch den heiligen Nikolaus. Die Emailplatte befindet sich heute im Schatz der Basilika von Bari.

Bitonto, Kathedrale

Die westlich von Bari in der gleichnamigen Provinz gelegene Kleinstadt Bitonto hat ihren mittelalterlichen Kern bis heute bewahrt. Die Kathedrale San Valentino gehört zu den schönsten romanischen Kirchenbauten Apuliens und ist zweifellos das schönste Bauwerk der Stadt. Diese gehörte im Mittelalter zunächst zu dem sich formierenden Normannenreich Unteritaliens, dann zum Königreich Sizilien, das 1194 an den Staufer Heinrich VI. fiel. Der Kirchenbau datiert wohl in die Zeit zwischen 1175 und 1200. Anders als die nahe Kirche von San Nicola in Bari, wo die apulische Roma-

Kathedrale San Valentino in Bitonto (oben und unten)

nik ihre erste und zugleich vorbildhafte Verwirklichung gefunden hatte, stellt San Valentino in Bitonto die Wiederholung jenes Bautypus dar, allerdings als reifste und klassischste Ausführung. Im 13. Jahrhundert wurde das Gotteshaus im Bereich des Außenbaues durch die vorkragenden Partien der Hauptportale, das Apsisscheitelfenster und die südliche Zwerggalerie ergänzt. Der Innenraum besitzt eine basilikale Raumstruktur. Die eigentliche Besonderheit der liturgischen Ausstattung bildet jedoch die Kanzel. Hier hat möglicherweise Nikolaus von Bari im Sommer 1229 im Beisein des Kaisers eine flammende Predigt gehalten. Darin soll er die Familie der Staufer in die Nähe Gottes gerückt und als das kaiserliche Geschlecht genannt haben, dem die Herrschaft bis zur Wiederkehr Christi vorherbestimmt sei. Den anwesenden Friedrich II. pries Nikolaus als Helden und verglich das Haus Staufen mit dem biblischen Haus Davids. Die Predigt von Nikolaus resultierte aus dem Kreuzzug des Kaisers, von dem er gerade zurückgekehrt war und wo er sich in Jerusalem die Krone des Königreichs Jerusalem selbst aufgesetzt hatte. Der Schritt zum „messianischen Kaisertum", das in der späteren Auseinandersetzung mit dem Papsttum noch stärker hervortrat, war nicht mehr allzu fern. Ein im gleichen Jahr (1229) an der Kanzel angebrachtes Relief half dabei, die Rede zu versinnbildlichen. Das staufische Haus erhielt darauf die Form der Wurzel Jesse, so dass das Kanzelrelief ein Lehrstück der staufischen Symbolik schlechthin wurde. Allerdings nahm das Relief nicht primär auf die mögliche Predigt von Nikolaus Bezug, sondern auf ein konkretes Ereignis: den Abfall Bitontos vom Kaiser während seines Kreuzzuges und schließlich der Rückgewinn der Stadt.

Das Relief ist also eher ein Sühnedenkmal, bei dem vier staufische Herrscher in einer Art Stammbaum in direkter aufsteigender Linie nebeneinandergestellt wurden: so reicht Friedrich I. Barbarossa sein Zepter in der Linken an seinen Sohn Heinrich weiter. Eine Stufe höher finden sich Friedrich II. und sein Sohn Konrad IV. Ein Vogel am Fuß des Reliefs verkörpert eine Mi-

schung aus staufischem Adler und dem Vogel Phoenix als Symbol der Unsterblichkeit. So will das Relief die Unsterblichkeit des Hauses der Staufer zum Ausdruck bringen, als Geschlecht, das bis in alle Ewigkeit herrschen wollte.

Fòggia, Kathedrale

Anders als der Kaiserpalast blieb die Kathedrale Santa Maria Icona Vetere in Fòggia zumindest teilweise von Zerstörungen des verheerenden Erdbebens von 1731 bzw. von der Bombardierung im Zweiten Weltkrieg verschont. Sie entstand vermutlich unter König Wilhelm II., dem Guten, von Sizilien im 12. Jahrhundert und wurde im frühen 13. Jahrhundert erweitert. Ihren Namen verdankt die Kathedrale der Ikone mit den sieben Schleiern („Icona dei sette

Symbiose aus Romanik und Barock: die Kathedrale von Fòggia

veli") aus der Zeit um 1100, die in der zur Kathedrale gehörenden Capella dell'icona vetere (Kapelle der alten Ikone) verwahrt wird. Neben der Stadt und ihrem untergegangenen Kaiserpalast waren auch der Name Friedrichs II. und dessen Andenken mit der Kathedrale eng verbunden, denn hier befand sich das Herz des Stauferkaisers. Es war in eine silberne Kapsel eingeschlossen, die ihrerseits in einem Sarkophag über der Innenseite des Hauptportals ruhte und dort von einem von Löwen getragenen Baldachin bekrönt wurde. Im heutigen Bau blieben Teile der Vorgängerkirche erhalten, worauf etwa das schmale Mittelschiff hindeutet. Sowohl die Langhauswände als auch das Untergeschoss der Westfassade lassen in ihrer Gestaltung das Vorbild des Doms von Troia erkennen. Zu Zeiten von Friedrich II. wurde das Querschiff der Kathedrale erneuert, wobei die stärkere Breite im Gegensatz zum Langhaus auf die Fundamente des Vorgängerbaues zurückzuführen ist. In der Unterkirche finden sich Säulen aus sogenanntem Breccia-rossa-Mar-

mor, den Friedrich II. bevorzugte und die damit noch auf die Zeit des Stauferkaisers hindeuten.

Trani, Kathedrale

Der wohl faszinierendste aller apulischen Kirchenbauten findet sich mit der Kathedrale San Nicola Pellegrino in Trani. Die heutige Bischofskirche des Erzbistums von Trani-Barletta-Bisceglie wurde 1099, d.h. im Jahr der Heiligsprechung des örtlichen heiligen Nikolaus Pellegrinus, begonnen und soll die Kirche sein, in der Friedrich II. seine große Liebe Bianca Lancia geheiratet hat. Bianca Lancia wäre nach Isabella von England die vierte Gemahlin des Stauferkaisers gewesen. Zeitpunkt und mögliche Heirat liegen im Dunkeln, allein bekannt ist, dass drei Mitglieder der Familie Lancia bereits Gefolgsleute Kaiser Friedrichs I. Barbarossas gewesen waren bzw. zwei, Manfred II. und Jordanus, ebenso getreue Gefolgsleute Friedrichs II. waren. Manfred II., der Onkel Bianca Lancias, wurde 1239 Statthalter über die Lombardei.

Trani, Kathedrale, Krypta

Faszinierende Lage und Architektur: die Kathedrale von Trani

Der Grundriss der Kathedrale von Trani beschreibt ein lateinisches Kreuz. Doppelsäulen und Arkadenstellungen teilen das Gotteshaus in drei Schiffe, wobei das Mittel- und das Querschiff über einen offenen Dachstuhl verfügen, während die beiden Seitenschiffe Kreuzgewölbe aufweisen. Die Kathedrale strahlt in ihrer Gesamtheit majestätische Größe aus, die im Inneren durch den Triumphbogen über dem Zugang zum Querschiff und die extrem hohen Apsiden noch betont wird. Im Bereich des Presbyteriums blieben Teile eines Mosaiks aus dem 12. Jahrhundert erhalten. Durch ihre isolierte Lage wirkt San Nicola Pellegrino von

Trani, Kathedrale, Apsiden und Querhaus atmen den Geist der Romanik

der Meeresseite aus nahezu wie eine Vision. Zudem finden sich das Kastell und der Kirchenbau in Sichtweite und einer gleichsam einzigartigen Lage als Symbole weltlicher und kirchlicher Macht wieder. Die Fassade des Kirchenbaues, der streng genommen aus Unter- und Oberkirche besteht, wird von einer besonders fein profilierten vorgeblendeten Bogenstellung gegliedert. Das Hauptportal datiert in die Zeit um 1170/80. Die Ornamentbänder des Portals setzen sich als Bogendekoration quer über die ganze Fassade fort. Das Portal ist eines der interessantesten und schönsten in Apulien, vor allem wegen der von Barisanus von Trani geschaffenen Bronzetür und ihrer reichen und komplexen Ikonografie. Der Eingang der Kirche liegt nicht zu ebener Erde, sondern erfolgt über einen Treppenaufgang, hinter dem sich die Unterkirche verbirgt. Der freistehende Glockenturm des Campanile von San Nicola Pellegrino entstand als letzter Bauteil des Gotteshauses in der zweiten Hälfte des 14. Jahrhunderts.

DIE KUNST DER STAUFERZEIT

Nicht staufische Kunst schlechthin, sondern die Kunst einer Epoche soll im Folgenden anhand von einigen wenigen Beispielen dargestellt werden. Sie stehen jedoch mit den Staufern in engem Bezug und entstanden großenteils unter ihrer Herrschaft. Einzig der „Codex Manesse" stellt ein frühes Beispiel der Stauferverehrung und Rezeption mittelhochdeutscher Lied- und Spruchdichtung dar.

Der Cappenberger Barbarossakopf

„Capud argenteum ad imperatoris formatum effigiem" – Der Goldene Kopf ist nach dem Ebenbild des Kaisers geschaffen –, teilt Otto von Cappenberg (um 1100–1171) in einer zeitgenössischen Schenkungsurkunde mit und weist sie damit eindeutig Friedrich I. Barbarossa zu. Otto war der Taufpate Friedrichs und befand sich gerade im Herzogtum Schwaben, als der älteste Sohn Herzog Friedrichs II. 1152 geboren wurde. Als Erinnerung an seine Taufe ließ Friedrich I. um 1160 den bekannten Cappenberger Barbarossakopf anfertigen und machte ihn seinem Taufpaten zum Geschenk. Nach dem Tode Otto von Cappenbergs 1171 gelangte der Kopf in den Besitz des Stiftes Cappenberg, das Ot-

Cappenberger Barbarossakopf, Porträtbüste (Kopfreliquiar) des Kaisers Friedrich I. Barbarossa, vergoldete Bronze, um 1160, Stiftskirche St. Johannes Evangelist in Cappenberg

to als erstes linksrheinisches Prämonstratenserstift mitgegründet hatte. Der in Westdeutschland entstandene Kopf misst 31,4 Zentimeter in der Höhe und besteht aus vergoldeter Bronze. Deutlich sind die beiden Teile aus Kopf und Untersatz erkennbar. Heute nicht mehr vorhanden ist ein Diadem, das die Skulptur auf dem Kopf trug und damit an spätantike Imperatoren erinnerte. Damit wurde zugleich der Bezug des mittelalterlichen Kaisertums zu dem der Antike hergestellt und der imperiale Anspruch des Stauferherrschers deutlich: sein Haupt erhebt sich nämlich aus den Mauern der Stadt Rom – es ist das „roma aurea", mit dem sich Friedrich I. als Nachfolger Kaiser Konstantins zu erkennen gibt. Die Skulptur ist jedoch mehr: sie stellt einen ersten Versuch der Darstellung eines kaiserlichen Denkmals im Miniaturformat im Mittelalter dar. Im Stift Cappenberg wurde es zum Memorialbild Kaiser Friedrichs I. Barbarossa. Dort befindet sich die Skulptur noch heute.

Der Dreikönigenschrein im Kölner Dom

Um das Krönungsrecht zu festigen, bat der Kölner Erzbischof Rainald von Dassel 1162 Kaiser Friedrich I. Barbarossa um die Reliquien der Heiligen Drei Könige aus dem eroberten Mailand. Dorthin waren sie gemäß der Vita des Mailänder Bischofs Eustorgius im 4. Jahrhundert von Konstantinopel aus gelangt. Das Besondere dieser Reliquien beruhte auf dem Umstand, dass man sie als Vergegenwärtigung derjenigen betrachtete, die als die ersten Könige Jesus Christus, dem König der Könige, gehuldigt hatten. Wer diese Reliquien als Schatz besaß, der besaß selbst die Legitimation der christlichen Herrschaft. 1164 gelangten die Gebeine der Heiligen Drei Könige nach Köln, wo sie später in einem eigens angefertigten Schrein aufbewahrt wurden. Dieser Dreikönigen-

schrein ist das größte, künstlerisch bedeutendste und inhaltlich anspruchsvollste Reliquiar des Mittelalters. Er entstand etwa zwischen 1190 und 1220 in der Werkstatt des Goldschmieds Nikolaus von Verdun sowie in Werkstätten in Köln und im Maas-Gebiet. 74 getriebene, feuervergoldete Figuren schmücken den kostbaren, 220 Zentimeter langen, 110 Zentimeter breiten und 153 Zentimeter hohen Schrein, dessen erneuerter Kern aus Eichenholz sowie Gold, vergoldetem Silber und Kupfer besteht. Weitere Schmuckelemente sind Filigranplatten mit Edelsteinen, Halbedelsteinen sowie antiken geschnittenen Gemmen und Kameen, Emailschmelz an Säulen, Bögen und Profilen. Der Korpus stellt als dreischiffige Basilika die Dreieinigkeit Gottes dar. Das Bildprogramm umfasst die Heilsgeschichte vom Beginn der christlichen Zeitrechnung bis zum Weltgericht. Gemäß der Vita Eustorgii aus der Zeit um 1200 wurde der Schrein „zu Zeiten des Bischofs Philipp […] gebaut". Gemeint ist Erzbischof Philipp von Heinsberg (1167–1191), der die Reliquien der Heiligen Drei Könige in den Schrein gebettet hat. So war der Dreikönigenschrein um 1191 im Wesentlichen fertig gestellt. Einzig die Vorder- und insbesondere die Rückseite wurden nach mehrjährigen Ruhepausen noch verschönert. Verbürgt ist, dass der welfische Gegenkönig Otto IV. 1199 der Kölner Kurie drei Kronen aus Gold für die Häupter der Drei Magier

Schrein der Heiligen Drei Könige, um 1190–1220

schenkte und damit am Dreikönigenschrein mitwirkte. Zwischen 1220 und 1225 wurde dann noch die Rückwand in einem von der französischen Monumentalbildnerei beeinflussten Stil hinzugefügt. Zu dieser Zeit sagte der Kölner Erzbischof Engelbert von Berg als Erzieher des die Kunst fördernden Prinzen Heinrich und Sohn Friedrichs II., dass „ein neuer Dom […] gebaut werden" müsse. Die ursprüngliche Planung sah vor, den Schrein in der Vierung des Domes aufzustellen. Heute befindet er sich hinter dem Hochaltar des Mittelalters, wo er das Zentrum des gotischen Domes bildet, jenes Baues, der in Form eines steinernen Reliquiars um ihn herum und für ihn errichtet wurde. Die wechselvolle Geschichte kann hier nur angedeutet werden, etwa, dass der

Schrein vor der Besetzung des Rheinlandes durch die Franzosen zwischen 1792 und 1815 mit dem Domschatz, dem Archiv und der Bibliothek evakuiert wurde. Er befand sich zwischen 1794 und 1803 im Kloster Wedinghausen bei Arnsberg. Von hier aus trat er 1803 zerlegt den Weg zurück nach Köln an – auf Anordnung Kaiser Napoleons I. von Frankreich. Damals wurde er um eine Achse verkürzt. Erst bei der Restaurierung von 1961 bis 1973 konnte die ursprüngliche Gestalt weitgehend wiederhergestellt werden. Seitdem ruhen die Reliquien der Heiligen Drei Könige in 18 kleineren Behältnissen aus weißer Seide, wobei alte Textilien wiederverwendet und durch neue ergänzt wurden. Die Häupter ruhen seitdem wieder auf dem sogenannten „Häupterbrett", die sich hinter der Trapezplatte der Vorderseite des Dreikönigenschreins befindet. Unter den stauferzeitlichen Reliquienschreinen ist der Dreikönigenschrein sicher der bekannteste und sicher auch der kostbarste.

Der Radleuchter im Aachener Münster

Mit dem Karlsschrein für Kaiser Karl den Großen im Aachener Münster existiert neben dem Kölner Dreikönigenschrein ein zweiter sehr kostbarer in der Stauferzeit entstandener Schrein. Während dieser um 1182 begonnen und um 1215 unter Kaiser Friedrich II. vollendet wurde, gilt das Augenmerk in Aachen einer weiteren Kostbarkeit, die unter Friedrichs II. Großvater Friedrich I. Barbarossa entstanden ist: dem gleichnamigen Barbarossaleuchter. Seine Entstehung fällt in die Zeit von 1165 bis 1170 und beruht auf einer Stiftung des Kaiserpaares Friedrich und Beatrix für die Schutzpatronin des Doms: die Maria Mutter Gottes. Der Leuchter entstand in Aachen und ziert seit seiner Fertigstellung das karolingische Oktogon. Er nimmt dort direkten Bezug auf den Raum und auf Karl den Großen, denn Friedrich I. Barbarossa war ein inniger Bewunderer Karls. Das ging so weit, dass er dessen Leichnam im Dom suchen und am 29. Dezember 1165 erheben ließ. Mit der Heiligsprechung durch den Gegenpapst wurde Karl der Große zum heiligen Begründer des Römischen Reiches Deutscher Na-

tion. Die Erhebung erfüllte zwei Ziele. Neben dem religiösen verband sich damit vor allem ein politisches, denn der Machtkampf zwischen Kaiser und Papst und nicht zuletzt die Rivalität zu Frankreich, das sich immer stärker auf Karl den Großen als Begründer Frankreichs berief, entwickelten sich zu einer Bedrohung für das Reich Friedrichs I. Mit der Heiligsprechung Karls des Großen wurde zugleich das Reich selbst heilig und Aachen zum Zentrum des Heiligen Römischen Reiches Deutscher Nation.

In der Mitte des karolingischen Oktogons erfüllt der Radleuchter die symbolische Bedeutung des über dem weltlichen Karlsthron schwebenden Paradieses mit dem himmlischen Jerusalem. Neben all der Größe und Pracht, mit der der Leuchter die Zeitgenossen beeindrucken sollte verband sich mit und in ihm auch eine ausgeklügelte Zahlensymbolik mit der Zahl Zwölf und ihrer Steigerung. Das Vorbild sämtlicher Radleuchter bildete das Exemplar der Jerusalemer Grabeskirche. Vier romanische Radleuchter existieren bis heute in Deutschland, davon neben dem Barbarossaleuchter in Aachen der Hartwigleuchter in der Klosterkirche von Großcomburg sowie der Heziloleuchter im Dom bzw. der Azelinleuchter in der Antoniuskirche – beide in Hildesheim. Der Aachener Radleuchter ist zugleich der jüngste dieser vier Radleuchter. Er hängt noch an der originalen, 27 Meter langen Kette und weist einen Durchmesser von 4,20 Meter

Aachener Münster, sogenannter Barbarossaleuchter

auf. In seiner achteckigen Form nimmt er Bezug auf das steinerne Oktogon. Vier mal zwölf Kerzen konnten entzündet werden.

Die Welfenchronik

Zu den besonderen bibliophilen Kostbarkeiten der Stauferzeit gehört die ab 1185/91 entstandene Welfenchronik der „Historia Welforum". Sie umfasst auf 150 Pergamentblättern die Geschichte der hochadeligen Familie der Welfen und stellt die wohl erste Chronik der Literatur dar, die allein der Geschichte eines Fürstengeschlechtes gewidmet war. Die Welfenchronik entstand am Stammsitz der Welfen: in Altdorf, dem heutigen Weingarten. Ein Weingartner Mönch hielt die Geschichte in Texten und Buchmalerei fest. Der Stammbaum beginnt mit dem

namensgebenden Welf I., der ein Zeitgenosse Karls des Großen und Ludwigs I., des Frommen war, und endet mit Welf VII. und Heinrich dem Löwen, dem Vater Ottos IV. Der Stammbaum weist insgesamt zehn Generationen der Familie auf. Er gipfelt überraschend in einem großen Medaillon. Dies weist inschriftlich auf „Fridericvs imperator" hin, wurde aber nicht mehr ausgefüllt. Mit dem Übergang Weingartens an die Staufer im 12. Jahrhundert wurde auch die Chronik entsprechend fortgeschrieben und eine „staufische Fortsetzung des Welfenstammes propagiert" (Oexle). Der gemalte Stammbaum (fol. 13v) hatte darüber hinaus eine weitergehende Funktion. Er sollte verdeutlichen, dass sich das staufische Kaisertum auf das der Karolinger gründete, sich also doch

wesentlich vom Welfenhaus unterschied, in dem Heinrich der
Löwe nur eine Stammesfolge
von zwölf Fürsten vorzuweisen
hatte. Daher ist das zweitgrößte
Porträt neben dem unausgefüll-
ten Friedrich Barbarossas Kaiser Karl dem Kahlen, Sohn der
Welfin Judith und Kaiser Ludwigs I. des Frommen, gewidmet.

Das offene Medaillon Friedrich
Barbarossas wird von zwei
Bildnissen gesäumt: Mit „Fri-
dericvs dux" vermutet man den
Vater Friedrichs I., Herzog
Friedrich II. von Schwaben,
weil zur Rechten Barbarossas
Mutter Judith dargestellt ist.

Die Forschung geht jedoch teilweise davon aus, dass statt des
Vaters auch Friedrich Barbarossas ältester Sohn Herzog
Friedrich von Schwaben im linken Porträt dargestellt sein
könnte – als Stellvertreter für
all seine Brüder, zumal er 1179
einen Teil des Erbes des letzten
Welfen (Welf VI.) übernommen hatte.

Auf Seite 13v folgt dieser skiz-
zierte Stammbaum dem Weingartner Totenbuch. Auf Seite
14r ist ihm eine weitere Besonderheit gegenübergestellt: Das
Blatt zeigt die bekannte Miniatur, die den Stauferkaiser Friedrich I. Barbarossa mit seinen

Friedrich I.
Barbarossa mit
seinen Söhnen
Heinrich und
Friedrich.
Miniatur aus der
Welfenchronik
(Kloster Wein-
garten, 1179–
1191) (Foto: An-
dreas Praefcke)

Mantel aus dem Grab Philipps von Schwaben

beiden Söhnen Heinrich, dem späteren Heinrich VI., und Friedrich, dem späteren Herzog Friedrich, zeigt. Auf dessen Rückseite schließt dann die eigentliche „Historia Welforum" von 1191 an.

Der Mantel aus dem Grab Philipps von Schwaben

Zu den besonderen Kostbarkeiten des Historischen Museums der Pfalz gehören die authentischen Hinterlassenschaften der Salier und Staufer aus den Kaisergräbern des Speyerer Doms. Dank des Bleisarges, in dem der jüngste Sohn Kaiser Friedrichs I. Barbarossas 1213 seine letzte Ruhe erhielt, blieben die Grabbeigaben König Philipps von Schwaben so gut konserviert, dass man 1900 bei der Öffnung der Kaisergräber und des Bleisarges Philipps neben Resten einer Tunika, bestickten Bändern und Borten, gestickten Strümpfen und zwei goldtauschierten Sporen auch einen seidenen, mit Goldstickereien verzierten Mantel in Form einer Pluviale über dem Leichnam fand. Der untere Saum des im Durchmesser 3,05 Meter großen Mantels mit einer Rückenhöhe von 1,40 Metern wies ursprünglich sechs Zentimeter breite Seidenfransen auf. Der Halsausschnitt und vordere Saum war hingegen mit einem sechs Zentimeter breiten Seidenband in Rautenmusterung besonders betont. In Brusthöhe schmückten den Mantel im Stil eines Pluviales (Krönungsmantel/Bischofsmantel) zwei gestickte Medaillons mit Darstellungen des Christus als Pantokrator („Allherrscher") und der Maria orans (betende Maria) – etwa vergleichbar mit dem Kaisermantel Ottos IV. im Braunschweiger Herzog Anton Ulrich-Museum. Die Bildnisse der beiden Medaillons sind als Halbfiguren ausgeführt und mit den abgekürzten griechischen Inschriften als Jesus Christus und Mutter Gottes ausgewiesen. Der Mantel Philipps ist eine sizilianische Arbeit aus der Zeit Ende des 12. bzw. Anfang des 13. Jahrhunderts, wobei die beiden Medaillons in das späte 12. Jahrhundert datiert werden. Bekannt ist, dass in den sizilianischen Werkstätten dieser Zeit zahlreiche griechische Künstler beschäftigt waren. Während die Sticktechnik den sizilianischen Werkstätten zugeordnet wird, vermutet man bei den Medaillons aufgrund des Stils der Stickereien und der griechischen Inschriften eine byzantinische Herkunft. Tatsächlich war Philipps Ehefrau Irene eine Tochter des byzantinischen Kaisers Isaak II. Angelos und in erster Ehe mit einem Sohn des sizilianischen Königs Tankred von Lecce verheiratet. So gehörten die Stickereien möglicherweise zum sizilianischen Kronschatz. Die wenigen textilen Reste des Mantels wurden 1960 bei einer Restaurierung im Bayerischen Nationalmuseum in München auf einen braunen Baumwollstoff übertragen. Die Wirkung ist heute eine ganz andere. Ursprünglich muss man sich den Mantel hellbeige oder goldgelb vorstellen.

Der Bamberger Reiter im Bamberger Dom

Die berühmte Skulptur des „Bamberger Reiters" im Dom zu Bamberg gehört zu den Höhepunkten der Kunstgeschichte. Er befindet sich in einem Dombau, der unter König Heinrich zum geistlichen Zentrum des Reiches und des neuen Bistums werden sollte. Doch dieser sogenannte und 1012 geweihte Heinrichsdom brannte 1185 komplett ab, so dass der heutige Dombau entstand. Er wurde 1237 geweiht. Da stand das späte Staufferreich auf seinem politischen Höhepunkt und mit ihm Architektur, Dichtkunst und Bildhauerei. Die gotische Steinskulptur auf einer Konsole am Nordpfeiler des Georgenchores entstand vermutlich in der ersten Hälfte des 13. Jahrhunderts und war neuesten Forschungen zufolge auf das Doppelgrab des Kaiserpaares Heinrich II. und seiner Frau Kunigunde sowie auf das Fürstenportal bezogen. Anders als der romanische Außenbau wurden die Skulpturen im Inneren gotisch-modern gestaltet, wobei mindestens zwei Bildhauerschulen vor Ort wirkten. Während die Werke der älteren Schule sämtlich als Reliefs gestaltet wurden, erreichten die der jüngeren Schule deutlich mehr Plastizität und Lebensgröße. Ein Wechsel fällt in die Zeit um 1225. Vermutlich waren es Bildhauer aus Reims, die die Skulptur des Bamberger Reiters schufen, und zwar derart dreidimensional plastisch, dass man sogar die Hufeisen der Tiere nachgebildet vorfindet. Die Skulptur, die ursprünglich farbig gefasst war und dadurch noch viel lebensechter wirkte, besteht aus acht einzelnen Steinblöcken. Die Farbigkeit des Pferdes, im Übrigen des ersten Pferdes in einem Gotteshaus, wurde als Weiß mit schwarzen Flecken in der Art eines Apfelschimmels gedeutet, während Rottöne beim Mantel lokalisiert werden konnten – beides königliche Attribute. „In dieser Farbigkeit – von Gold über Rot, Schwarz, Silber und Weiß – sowie in seiner Lebensgröße und gestalterischen Lebendigkeit muss der Reiter auf die zeitgenössischen Betrachter eine Faszination ausgeübt haben, wenn sie das dunkle Dominnere durch das nahe Fürstenportal betraten. Die Entfernung der Farben und eine damit verbundene Purifizierung des Domes wurden erst im 19. Jahrhundert unter dem bayerischen König Ludwig I. angeordnet und durchgeführt." So stellt sich nunmehr die Frage nach der dargestellten herrschaftlichen Gestalt. Eine sehr logische Deutung weist auf König Stephan I. von Ungarn, der mit Kaiser Heinrich II. verschwägert war und im Bamberg des 13. bis 18. Jahrhunderts religiös verehrt wurde. Er verweist wiederum auf den Erzmärtyrer Stephanus. Dem heiligen Stephanus war schon im alten Heinrichsdom ein besonderer Altar geweiht.

Das Falkenbuch Friedrichs II.

Die vermutlich populärste Darstellung Friedrichs II. von Hohenstaufen ist die eines Falkners in seinem berühmten Buch „De arte venandi cum avibus". Die wörtliche Übersetzung bedeutet: Von der Kunst, mit Vögeln

Bamberger Reiter (um 1227/28)

zu jagen und meint eigentlich die klassische Beizjagd mit Falken. Das auch als „Falkenbuch" bekannte Werk blieb als Lehrbuch für Beizjagd und Vogelkunde ein Standardwerk bis weit in die Neuzeit hinein. Dies ist vor allem auf die naturwissenschaftliche Genauigkeit und systematische Vorgehensweise des fürstlichen Autors zurückzuführen, der das Buch zwischen 1241 und 1248 in lateinischer Sprache verfasste. Das eigentliche Originalmanuskript Friedrichs II. ging 1248 bei der Belagerung von Parma verloren. Es existiert heute in mehreren Abschriften. Die berühmteste ist die seines Sohnes Manfred aus dem dritten Viertel des 13. Jahrhunderts, die Manfred selbst mit entsprechenden Anmerkungen versehen hat: der sogenannte „Codex Palatinus latinus 1071". Das Werk enthält neben einer Einführung in die allgemeine Vogelkunde auch Anleitungen zu Aufzucht, Dressur und Verwendung der Jagdfalken. Der Text wird durch über 900 Bilder von etwa 80 verschiedenen Vogelarten illustriert. Sie zeigen die spezifischen Haltungen der Vögel, aber auch Falkner sowie Tätigkeiten und

Friedrich II. mit seinem Falken, aus seinem Buch „De arte venandi cum avibus" („Von der Kunst, mit Vögeln zu jagen"), Bibliotheca Apostolica Vaticana, Rom (Pal. lat. 1071, fol. 1v, Süditalien/Sizilien 1258–1266)

Werkzeuge aus der Falknerei. 111 zweispaltig beschriebene Pergamentblätter enthalten die außerordentlich lebensnahen Bilder von Vögeln, Falknern und ihren Werkzeugen in brillanten Farben. Der Band im Folioformat von 36×25 Zentimetern Größe hat eine wahre Odyssee hinter sich. Nach der Schlacht von Benevent gelangte er als Kriegsbeute der Anjou nach Frankreich und befand sich um 1300 in den Händen von Jean de Dampierre, einem Gefolgsmann von Karl von Anjou. 1594 gelangte es über den Sohn des Nürnberger Arztes Joachim Camerarius an die berühmte Bibliotheca Palatina nach Heidelberg. Doch zuvor (1596) gelang es, davon bei Johann Praetorius in Augsburg den ersten von Markus Welser besorgten Druck herzustellen. 1623 wurde Friedrichs Werk erneut zur Kriegsbeute und ist als solche heute Teil der umfangreichen Bibliotheca Apostolica Vaticana. Friedrich II. stand für sein Werk die seinerzeit einschlägige Literatur zur Verfügung, die bereits seit dem 12. Jahrhundert am Hof der normannischen Könige von Sizilien belegt war. Die in Palermo entstandenen Traktate waren jedoch relativ knapp formuliert. Friedrich II. konnte allerdings auch auf Aristoteles' Werk „De animalibus libri" und das Lehrbuch des arabischen Falkners Moamin („De scientia venandi per aves") zurückgreifen. Seiner Zeit war er durch seine methodische Arbeit weit voraus.

Der Codex Manesse

Der „Codex Manesse", auch „Große Heidelberger Lieder-handschrift", „Manessische Lie-derhandschrift" oder „Manessi-sche Handschrift" genannt, ent-stand in nachstaufischer Zeit – vermutlich zwischen 1300 und 1340 in Zürich – und ist die um-fangreichste und berühmteste Sammlung mittelhochdeutscher Lied- und Spruchdichtung überhaupt. Heute ist er zudem der größte bibliophile Schatz der Heidelberger Universitäts-bibliothek. Der Codex besteht aus 426 beidseitig beschriebe-nen und 140 leeren bzw. nur teilweise beschriebenen Perga-mentblättern. Eine Paginierung erfolgte erst nachträglich. Der Codex umfasst nahezu 6 000 Strophen, wobei der Schwer-punkt auf der Sammlung des namensgebenden Züricher Pa-triziers Rüdiger Manesse d. Ä. († 1304) und seines Sohnes liegt. Zum Kreis um die Patri-zierfamilie Manesse gehörte auch der Züricher Dichter Jo-hannes Hadlaub († vor 1340), der mit seiner Handschrift zum „Lobpreis der Manessen" auch Teil der Großen Heidelberger Liederhandschrift ist. Sein In-teresse galt neben einer anti-quarischen Sammelleiden-schaft vor allem dem staufi-schen Minnesang und dessen Gattungstheorie. Eine unmit-telbare Beteiligung der Manes-ses an der Handschrift ist hin-gegen nicht unmittelbar be-zeugt. Dennoch wird vermutet, dass die von Hadlaub skizzier-ten „liederbuochen" zur

Kaiser Heinrich VI., Miniatur aus der Großen Heidelberger Lieder-handschrift (Codex Manesse), um 1300–1340

Grundlage der Liederhand-schrift wurden. Klar ist indes, dass mehrere Personen an ihrer Entstehung mitwirkten. Sie überliefert die mittelhochdeut-sche Lyrik in ihrer gesamten Gattungs- und Formenvielfalt von den Anfängen der weltli-chen Liedkunst in der Zeit um 1150/60 bis zur Zeit der Ent-stehung der Handschrift. Be-rühmt wurde die Handschrift vor allem durch ihre farben-prächtigen, ganzseitigen, von vier Malern gefertigten 137 Mi-niaturen, die die Dichter in idealisierter Form bei höfi-schen Aktivitäten zeigen und als bedeutendes Dokument oberrheinischer gotischer Buchmalerei gelten. Von den 137 Miniaturen schuf der erste Maler 110 Illustrationen, sein Nachfolger weitere 20 und zwei weitere vier bzw. drei Illustrationen. Eine weitere blieb als Vorzeichnung erhalten. Die Anfänge der Strophen wurden abwechselnd mit blauen und roten Initialen geschmückt. Am Anfang des Codex Manesse befindet sich eine ganzseitige Darstellung Kaiser Heinrichs VI., Sohn Kaiser Friedrichs I. Barbarossas, als thronender Herrscher in vollem Ornat. Der Darstellung folgen drei Lieder, die die Forschung heute allgemein als Werke Heinrichs bestätigt. Mit Konradin findet sich auch der letzte Staufer in der berühmten Liederhandschrift, ferner auch Gefolgsleute aus dem Umfeld, die als Minnesänger wirkten, darunter Graf Otto von Botenlauben, der Heinrich VI. 1197 nach Italien begleitete, oder Bligger II. von Steinach. Im Codex Manesse findet sich auch der populärste Minnesänger des Mittelalters: Walther von der Vogelweide. Allein im Codex Mannesse sind von ihm 450 Strophen überliefert. Heutzutage kann man die kostbare Handschrift ganz bequem vom heimischen PC aus betrachten, jenseits der Odyssee, die das Buch im Laufe der Jahrhunderte erlebt hat.

CHRONOLOGIE

1056 Am 5. Oktober stirbt Kaiser Heinrich III. Er wird in Speyer begraben.

1057 setzt Kaiserin Agnes, Witwe Heinrichs III., Graf Rudolf von Rheinfelden zum Herzog von Schwaben ein

1077 Am 28. Januar löst Papst Gregor VII. den Bann über Kaiser Heinrich IV.

1077 Am 15. März wird Graf Rudolf von Rheinfelden auf dem Forchheimer Fürstentag zum Gegenkönig gegen Kaiser Heinrich IV. ausgerufen

1079 Am 24. März überträgt Heinrich IV. das Herzogtum Schwaben an Friedrich von Hohenstaufen und verlobt ihn mit seiner Tochter Agnes

1080 Am 15. Oktober stirbt Graf Rudolf von Rheinfelden nach der Schlacht an der Elster

1097/98 Interessensausgleich und Friedensschluss zwischen Zähringern, Welfen und Friedrich von Hohenstaufen, der das Herzogtum Schwaben behält

Um **1100** gründen die Staufer ein Benediktinerkloster auf dem Frauen- oder Klosterberg an der Stelle einer staufischen Burg

1102 übertragen Herzog Friedrich von Schwaben und seine Frau Agnes von Waiblingen das Kloster an den Papst

1106 Am 7. August stirbt Kaiser Heinrich IV. 1105 hatte ihn sein Sohn Heinrich V. abgesetzt

1116 Italienzug Kaiser Heinrichs V. – In dieser Zeit verwaltet Herzog Friedrich II. von Schwaben im Auftrag Heinrichs das Reich. Zudem sichert er das königliche Gut durch den Bau von Burgen vor allem im Elsass.

1125 Am 23. Mai stirbt Kaiser Heinrich V. Die Staufer erben das salische Hausgut.

1125 Am 24. August wird der sächsische Herzog Lothar von Supplinburg zum König gewählt. Der Stauferherzog Friedrich II. war ihm in der Wahl unterlegen.

1127 Thronstreit um die rechtliche Nachfolge Heinrichs V. – Konrad (III.) wird zum Gegenkönig erhoben. Er und sein Bruder Friedrich II. unterwerfen sich dem neuen Herrscher 1134.

1137 Am 4. Dezember stirbt Kaiser Lothar III. von Supplinburg in Breitenwang in Tirol. Seine Grabstätte befindet sich in der Benediktinerabtei von Königslutter.

1138 Am 13. März wird Konrad III. zum König erhoben. Die Wahl erfolgt mit Billigung Papst Innozenz' II., aber unter Ausschluss der Welfen und ist somit illegitim. Der Schwiegersohn Lothars III. – Heinrich der Stolze – wird zur Herausgabe der Reichsinsignien aufgefordert. Der Schachzug gelingt. Heinrich der Stolze stirbt 1139.

1140 verlegt König Konrad III. die Gräber seiner Ahnen von der Stiftskirche im Dorf Lorch ins Kloster

1140 Am 21. Dezember nehmen die Staufer die von den Welfen besetzte Burg Weinsberg im Kraichgau ein

1147 Am 6. April stirbt Herzog Friedrich II. Sein Sohn Herzog Friedrich III. wird sein Nachfolger. Es ist der nachmalige Kaiser Friedrich I. Barbarossa.

1147–49 Zweiter Kreuzzug unter Führung Konrads III. und Ludwigs VII. von Frankreich. Daran nimmt Konrads Neffe Herzog Friedrich III. teil. Infolge einer Unwetterkatastrophe in Kleinasien scheitert das Vorhaben.

1151 erhält das Kloster Lorch einen Schutzbrief der Staufer, ebenso 1190 und 1215

1152 Am 15. Februar stirbt König Konrad III. Er wird in der Ostkrypta des Bamberger Doms beigesetzt. Konrad schlägt seinen Neffen Herzog Friedrich III. als Nachfolger vor.

1152 Im März wird Friedrich III. als Friedrich I. in Frankfurt gewählt und in Aachen gekrönt. Er führt in den nächsten Jahren den Ausgleich zwischen Staufern und Welfen herbei.

1153 Vertrag von Konstanz. Friedrich I. sagt Papst Eugen III. Beistand gegen Römer (Römische Kommune und Arnold von Brescia) und Normannen zu und erreicht die Kaiserkrönung als päpstliches Versprechen.

1154 Im Juni wird Heinrich dem Löwen aus dem Hause der Welfen das Herzogtum Bayern zugesprochen. 1156 wird davon Österreich als separates Herzogtum für Heinrich II. Jasomirgott abgetrennt.

1154/55 Erster Italienzug Friedrichs I. (von insgesamt sechs). Friedrich liefert Arnold von Brescia aus.

1155 Am 18. Juni wird Friedrich I. von Papst Hadrian IV. in Rom zum Kaiser gekrönt

1158–62: Zweiter Italienzug Kaiser Friedrichs I.

1158 Auf dem Reichstag auf den Ronkallischen Feldern im November fordert Friedrich I. die Rückgabe der von den autonom gewordenen Stadtstaaten eingezogenen Reichsgüter und Reichsrechte an die Krone und die Wahrnehmung der kaiserlichen Rechte durch Reichsbeamte

1159 Die doppelte Papstwahl Alexanders III. und Victors IV. spaltet das Abendland bis 1177 in zwei Lager. Einzig Victor IV. wird von Kaiser Friedrich I. anerkannt.

1166–68 Vierter Italienzug Kaiser Friedrichs I. Im August 1167 erliegen vier Teilnehmer des Italienzuges einer Epidemie. Darunter befinden sich der Erzbischof und Kanzler Rainald von Dassel, Herzog Friedrich von Rothenburg und Herzog Welf VII.

1176 Am 29. März erleidet Friedrich I. Barbarossa gegen die Mailänder bei Legnano eine Niederlage. In der Folge verweigert Heinrich der Löwe dem Kaiser seine Unterstützung.

1177 Im Frieden von Venedig söhnt sich Kaiser Friedrich I. mit Papst Alexander III. aus

1178–80 Prozess gegen Heinrich den Löwen: Die Anklage erfolgt durch die sächsischen Adeligen vor dem kaiserlichen Hofgericht wegen der Landfriedensbrüche Heinrichs. Dieser erscheint nicht und wird geächtet.

1180 Nach einem langen und zweiten lehnsrechtlichen Verfahren werden Heinrich dem Löwen die Herzogtümer Bayern und Sachsen aberkannt; Heinrich geht daraufhin ins Exil.

1183 Am 30. April schließt Friedrich in Konstanz Frieden mit dem Bund der lombardischen Städte

1184 Vom 20. bis 22. Mai findet der glanzvolle Mainzer Hoftag statt. Die Söhne Friedrichs I. – Heinrich (VI.) und Friedrich (V.) – empfangen die Schwertleite.

1184–86 Sechster Italienzug; Bündnis Friedrichs I. mit Mailand; Krönung Heinrichs VI. in Mailand zum König von Italien und Heirat mit Konstanze von Sizilien

1187 Bündnis Kaiser Friedrichs I. und Philipp II. Augusts von Frankreich in Toul gegen Welfen und Anjous

1188 Am 1. April übernimmt Friedrich I. Barbarossa auf dem Hoftag von Mainz die Führung der Kreuzfahrer

1189 Hoftag in Regensburg; Aufbruch des Kreuzfahrerheeres zum Dritten Kreuzzug

1189–92 Dritter Kreuzzug, dem sich Friedrich I. voranstellt

1190 Am 10. Juni stirbt Friedrich I. in Syrien. Er ertrinkt beim Baden im Fluss Saleph.

1191 Am 20. Januar stirbt Friedrich Barbarossas Sohn Herzog Friedrich V. von Schwaben vor Akkon

1191 Am 15. April – dem Ostermontag – wird Heinrich VI. in Rom zum Kaiser gekrönt

1193 Am 6. Januar erscheint Herzog Leopold von Österreich mit dem von ihm gefangen genommenen König Richard Löwenherz auf dem Hoftag Heinrichs VI. in Regensburg

1193 Am 29. Juni schließt Kaiser Heinrich VI. mit König Richard Löwenherz in Worms einen Vertrag über Richards Freilassung

1194 wird Heinrich VI. König von Sizilien

1197 Am 28. September stirbt Heinrich VI. in Messina. Er wird im Dom von Palermo begraben.

1198 Im März wird Herzog Philipp von Schwaben in Mühlhausen zum deutschen König gewählt und am 8. September in Mainz gekrönt

1198 Am 9. Juni wird der Welfe Otto IV. als Sohn Heinrichs des Löwen von Philipps Gegnern in Köln zum König gewählt und am 12. Juli in Aachen gekrönt

1208 Am 21. Juni wird Philipp von Schwaben in Bamberg durch Herzog Otto von Wittelsbach ermordet

1208 Am 11. November wird Otto IV. auf dem Hoftag in Frankfurt allgemein als König anerkannt

1209 Am 4. Oktober wird Otto IV. in Rom zum Kaiser gekrönt

1212 Im September kommt Friedrich II., Sohn Heinrichs VI., der in Süditalien aufwuchs, nach Deutschland. Sein Gegner Otto IV. wird aus Breisach vertrieben.

1215 Am 25. Juli wird Friedrich II. in Aachen zum König gekrönt

1218 Am 19. Mai stirbt Kaiser Otto IV.

1220 Am 16. April wird Friedrich II. auf dem Hoftag in Frankfurt zum König gewählt

1220 Am 26. April schließt der neue König mit den geistlichen Fürsten Deutschlands die „Confoederatio cum principibus ecclesiasticis". Die Überlassung wichtiger Regalien an die geistlichen Fürsten beinhaltet das Markt-, Münz- und Zollrecht, die Gerichtsbarkeit und die Befestigungshoheit.

1220 Am 22. November wird Friedrich II. von Papst Honorius III. in Rom zum Kaiser gekrönt. Anlässlich der Krönung gelobt er einen Kreuzzug ins Heilige Land. Der neue Kaiser hält sich nur noch zwischen 1235 und 1237 in Deutschland auf und lebt bis zu seinem Tod 1250 in Italien.

1222 Am 8. Mai wird Heinrich VII., Sohn Kaiser Friedrichs II., in Aachen zum König gekrönt

1227 Der am 8. September begonnene Kreuzzug wird abgebrochen. Auf dem Weg stirbt am 11. September 1227 Landgraf Ludwig von Thüringen.

1227 Am 28. September wird Kaiser Friedrich II. von Papst Gregor IX. erstmals exkommuniziert

1229 Am 18. März findet in Jerusalem die Krönung Friedrichs II. zum König von Jerusalem statt

1231 Konstruktionen von Melfi. Sie beinhalten die Beseitigung der feudalen und städtischen Anarchie und die Bildung eines modernen Staates durch Ämter, Gesetzgebung, Staatsmonopole und Finanzwesen.

1231 Am 1. Mai erlässt König Heinrich VII. auf dem Wormser Hoftag das „Statutum in favorem principum". Damit werden den weltlichen Fürsten dieselben territorialen Herrschaftsrechte wie den geistlichen zugestanden.

1231 Am 17. November stirbt die Thüringer Landgräfin Elisabeth

1235 Am 4. Juli unterwirft sich Heinrich VII. in Wimpfen seinem Vater. Er wird in Worms gefangen genommen und stirbt am 10. Februar 1242 in Apulien.

1235 Am 15. August wird auf dem Mainzer Hoftag der „Mainzer Reichlandfriede" verkündet. Hier findet die Versöhnung mit den Welfen statt. Otto das Kind, der Enkel Heinrichs des Löwen, wird Herzog von Braunschweig-Lüneburg.

1236 Am 1. Mai werden die Gebeine der nun heiligen Elisabeth erhoben. Bei der Zeremonie ist Kaiser Friedrich II. anwesend.

1237 Im Februar 1237 wird Konrad IV. in Wien zum König gewählt

1239 Kaiser Friedrich II. wird abermals von Papst Gregor IX. exkommuniziert

1245 Am 17. Juli wird Kaiser Friedrich II. von Papst Innozenz IV. für abgesetzt erklärt

1246 Am 22. Mai wird Landgraf Heinrich Raspe von Thüringen in Veitshöchheim zum deutschen König gewählt

1246 Am 5. August unterliegt König Konrad IV. dem Gegenkönig Heinrich Raspe in einer Schlacht bei Frankfurt

1247 Am 16. Februar 1247 stirbt Heinrich Raspe auf der Wartburg

1250 Am 13. Dezember stirbt Kaiser Friedrich II. in Castel Fiorentino

1251 Am 7.Oktober 1251 sammelt sich das Heer König Konrads zum Italienzug

1252 Am 25. März wird auf Burg Wolfstein bei Landshut Konradin, der Sohn König Konrads IV., geboren

1254 Am 21. Februar stirbt König Konrad bei Lavello

1257 Am 13. Januar wird Richard von Cornwall bei Frankfurt zum König gewählt und am 17. Mai gekrönt

1266 In der Schlacht von Benevent wird Manfred, der Sohn Friedrichs II., von Karl von Anjou besiegt. Er stirbt im Kampf.

1267 Im September bricht Konradin nach Italien auf

1268 Am 23. August wird Konradins Heer bei Tagliacozzo durch Karl von Anjou vernichtend geschlagen und Konradin gefangen genommen

1268 Am 19. Oktober wird Konradin nach einem Hochverratsprozess in Neapel öffentlich hingerichtet

LITERATUR

Kataloge

Ausst.-Kat. Die Zeit der Staufer. Geschichte – Kunst – Kultur, 4 Bde., hg. v. Württembergischen Landesmuseum Stuttgart, Stuttgart 1977.

Ausst.-Kat. Otto IV. Traum vom welfischen Kaisertum. Hg. v. Braunschweigischen Landesmuseum, Petersberg 2009.

Ausst.-Kat. Die Burg. Wissenschaftlicher Begleitband zu den Ausstellungen „Burg und Herrschaft" und „Mythos Burg", hg. v. G. Ulrich Großmann u. Hans Ottomeyer, Dresden 2010.

Ausst.-Kat. Die Staufer und Italien. 2 Bde., hg. v. Alfried Wieczorek, Bernd Schneidmüller, Stefan Weinfurter, Mannheim, Darmstadt 2010.

Darstellungen

Adam, Ernst: Baukunst der Stauferzeit in Baden-Württemberg und im Elsaß, Stuttgart, Aalen 1977.

Akermann, Manfred: Die Staufer. Ein europäisches Herrschergeschlecht, Stuttgart 2003.

Arens, Fritz: Der Saalhof zu Frankfurt und die Burg zu Babenhausen. Zwei staufische Wehr- und Wohnbauten am Mittelrhein. Sonderdruck aus der Mainzer Zeitschrift 71/72 (1976/1977), S. 1–56.

Biller, Thomas: Kaiserpfalz Gelnhausen, 1. Aufl., Regensburg 2000. (Staatliche Schlösser und Gärten Hessen; Broschüre 7)

Boockmann, Hartmut: Stauferzeit und spätes Mittelalter. Deutschland 1125–1517, Berlin 1998.

Bornheim gen. Schilling, Werner; Caspary, Hans: Staatliche Burgen und Schlösser in Rheinland-Pfalz, 2., erw. u. neu bearb. Aufl., Mainz 1980.

Borst, Arno: Reden über die Staufer, Frankfurt/M. u. a. 1981.

Breuers, Dieter: Die glühende Krone. Die Staufer und ihre Zeit, Bergisch-Gladbach 2002.

Dötsch, Anja: Burg Breuberg im Odenwald, 1. Aufl., Regensburg 2008. (Staatliche Schlösser und Gärten Hessen; Kurzführer 28)

Ebhardt, Bodo: Deutsche Burgen als Zeugen deutscher Geschichte, Berlin 1925.

Ebhardt, Bodo: Der Wehrbau Europas im Mittelalter, 2 Bde., unveränd. Nachdruck der Ausgabe von 1939, Frankfurt/M. 1977.

Einsingbach, Wolfgang; Kropat, Wolf-Arno; Staupendahl, Karin: Burgruine Münzenberg. Amtlicher Führer, Bad Homburg 1984.

Frauen der Staufer, hg. v. d. Gesellschaft für staufische Geschichte e.V., Göppingen 2006.

Friedel, Birgit; Großmann, G. Ulrich: Die Kaiserpfalz Nürnberg, 1. Aufl., Regensburg 1999.

Frommer, Hansjörg: Die Perle der Krone. Die Staufer und ihr Herzogtum Schwaben, Karlsruhe 1996.

Gallas, Klaus: Sizilien. Insel zwischen Morgenland und Abendland, 7. Aufl., Köln 1984.

Gassen, Richard W.: Romanik zwischen Speyer, Mainz und Heidelberg, Petersberg 2007.

Gassen, Richard W.: Romanik in der Pfalz, Petersberg 2010.

Görich, Knut: Die Staufer. Herrscher und Reich, München 2006.

Goez, Elke: Geschichte Italiens im Mittelalter, Darmstadt 2010.

Grebe, Anja; Großmann, G. Ulrich: Burgen in Deutschland, Österreich und der Schweiz – Architektur und Alltag, Petersberg 2007.

Großmann, G. Ulrich: Südhessen. Kunstreiseführer, Petersberg 2004.

Großmann, G. Ulrich: Burgen in Europa, Regensburg 2005.

Großmann, G. Ulrich: Die Burgenstraße. Führer zu Burgen und Schlössern von Mannheim bis Prag, Petersberg 2008.

Hansert, Andreas: Könige und Kaiser in Deutschland und Österreich (800–1918), 2. Aufl., Petersberg 2010.

Hausherr, Reiner: Dombauten und Reichsepiskopat im Zeitalter der Staufer, Mainz, Stuttgart 1991.

Hechberger, Werner; Schuller, Florian (Hg.): Staufer & Welfen. Zwei rivalisierende Dynastien im Hochmittelalter, Regensburg 2009.

Hotz, Walter: Pfalzen und Burgen der Stauferzeit. Geschichte und Gestalt, Darmstadt 1981.

Hubel, Andrea; Schneidmüller, Gabriele: Der Bamberger Dom von A(psis) bis Z(werggalerie), 2., aktual. Aufl., Petersberg 2003.

Humm, André; Staub, Alain: Die Hohkönigsburg, Straßburg 1981.

Kaiser, Jürgen: Königspfalz Bad Wimpfen, 1. Aufl., Regensburg 2000.

Kappel, Kai; Kemper, Dorothee: Die Marienkirche Friedrichs II. in Altamura (Apulien). Probleme der Baugeschichte, in: Zeitschrift für Kunstgeschichte Bd. 55, H. 4 (1992), S. 482–506.

Kölzer, Theo: Die Staufer im Süden. Sizilien und das Reich, Sigmaringen 1996.

Meyer, Bernhard: Burg Trifels, 1. Aufl., Regensburg 2004. (Edition Burgen,

Schlösser, Altertümer Rheinland-Pfalz; Führungsheft 15)

Mola, Stefania: Castel del Monte, Bari 2002.

Müller, Horst: Der Kyffhäuser, 2., erg. Aufl., Leipzig 2002.

Oexle, Otto Gerhard: Die Fragen des Franziskus. Die Erscheinung des „Idioten". Freiwillige Armut und das Stehenlassen der Gesellschaft. In: Das 13. Jahrhundert. Kaiser, Ketzer und Kommunen. Hg. v. Michael Jeismann, München 2000, S. 48–52.

Ottersbach, Christian: Frankfurt & Rhein-Main. Burgen und Schlösser in und um Aschaffenburg, Darmstadt, Mainz, Taunus und Wetterau, Petersberg 2010.

Pace, Valentino: Kunstdenkmäler in Süditalien: Apulien, Basilicata, Kalabrien, Darmstadt 1994.

Poeschel, Sabine: Kunstdenkmäler in der Toskana, Darmstadt 2003.

Riestra, Pablo de la: Kunstdenkmäler in Bayern. Franken, Regensburg, Oberpfalz, Darmstadt 2003.

Schneidmüller, Bernd; Weinfurter, Stefan; Wieczorek, Alfried (Hg.): Verwandlungen des Stauferreichs. Drei Innovationsregionen im mittelalterlichen Europa, Darmstadt 2010.

Schwarzmaier, Hansmartin: Die Welt der Staufer. Wegstationen einer schwäbischen Königsdynastie, Leinfelden-Echterdingen 2009.

Stauferstudien: Beiträge zur Geschichte der Staufer im 12. Jahrhundert. Festgabe zum 60. Geburtstag von Odilo Engels, hg. v. Erich Meuthen u. Stefan Weinfurter, Sigmaringen 1988.

Stauferzeit: Geschichte, Literatur, Kunst hg. v. Rüdiger Krohn, Bernd Thum u. Peter Wapnewski, 1. Aufl., Stuttgart 1979.

Zuch, Rainer: Pfalzen deutscher Kaiser von Aachen bis Zürich, Petersberg 2007.

REGISTER

Personenregister

Ortsregister